Dieter Hattrup

Ecology and Ecclesiology

Ökologie und Ekklesiologie

Englisch - deutsch

New York, Januar 26, 2019

CONTENT – INHALT

Three Theses

Proposition 1: What appears in the world as a progress is in the church often a step back, and vice versa.

These 1: Was in der Welt als Fortschritt gilt, ist in der Kirche oft Rückschritt, und umgekehrt.

Proposition 2: The consumptive societies are compelled from the outside to eco-dictatorship, if they do not develop from within a culture of renunciation.

These 2: Die konsumtiven Gesellschaften werden von außen zur Ökodiktatur gezwungen, wenn sie nicht von innen eine Kultur des Verzichtes entwickeln.

Proposition 3: The Evangelical Counsels are already found in the Old Testament. But they only become clear in the New Testament. They are a necessary sacrifice of life, which nevertheless can not be demanded necessarily.

These 3: Die Evangelischen Räte finden sich schon im Alten Testament. Doch erst im Neuen werden sie klar: Sie sind ein notwendiges Opfer des Lebens, das dennoch nicht notwendig gefordert werden kann.

1. Progress and Regression

Proposition 1: What appears in the world as a progress is in the church often a step back, and vice versa.

These 1: Was in der Welt als Fortschritt gilt, ist in der Kirche oft Rückschritt, und umgekehrt.

1.1 The following propositions were initiated by an eye-opening experience that took me over while reading a novel by the German novelist Theodor Fontane who lived at the outlet of the 19th century. ‚Der Stechlin' is his last work, a true late work by the richness, the clemency and the clarity of its judgments. Fontane lives in a Prussian and Protestant world, but far exceeds it. The Stechlin reflects the history of the world. Quite to the end of this grand narrative, after the funeral of the old Dubslav von Stechlin, there is an irritable debate between the sister of the dead, a domina Adelheid von Stechlin, and a Countess Melusine.

Die folgenden sechs Thesen wurden durch ein Aha-Erlebnis ausgelöst, das mich bei der Lektüre eines Romans von Theodor Fontane überfallen hat. ‚Der Stechlin' ist sein letztes Werk, ein wahres Alterswerk, ausgezeichnet durch die Fülle, die Milde und die Klarheit seiner Urteile. Fontane bewegt sich in einer preußischen und protestantischen Welt, die er doch weit übersteigt. Im Stechlin spiegelt sich die Weltgeschichte. Da gibt es ziemlich zum Schluß der großen Erzählung, nach der Beerdigung des alten Dubslav von Stechlin, eine Aussprache zwischen der Schwester des Verstorbenen, einer Domina Adelheid von Stechlin, und der Gräfin Melusine Ghiberti.

‚What a man, your Pastor Lorenzen', said Melusine. ‚And luckily enough still unmarried as well.'

‚I would rather not emphasize that point and find it all the less praiseworthy. It contradicts the example given by our man of God Martin Luther and no doubt contradicts nature as well.

,True, commonplace nature. But there are exceptions, thank
the Lord. And those are the ones who are truly choosen. Taking
a wife is an everyday event.'

,And not to take a wife is a risky business. And one has all
that gossip from people besides.'

,One always has gossip. It's the first thing one must become
indifferent to. Not pridefully, but lovingly.'

,I'll allow to that. But the love of a natural person reveals itself
at its best in the family.'

,Yes, that of a natural person...'

,It would seem to sound, Frau Gräfin, as if you were taking
the part of the unnatural.'

,In a certain sense that's true, Frau Domina. What decides is
whether it counts upwards or downwards.'

,Life counts downwards.'

,Or up, depending.'

,Welch ein Mann, Ihr Pastor Lorenzen', sagte Melusine.

,Und zum Glück auch noch unverheiratet.'

,Ich möchte das nicht so betonen und noch weniger es
beloben. Es widerspricht dem Beispiele, das unser
Gottesmann gegeben, und widerspricht auch wohl der
Natur.'

,Ja, der Durchschnittsnatur. Es gibt aber, Gott sei Dank,
Ausnahmen. Und das sind die eigentlich Berufenen. Eine
Frau nehmen ist alltäglich.'

,Und keine Frau nehmen ist ein Wagnis. Und die Nachrede
der Leute hat man noch obenein.'

,Diese Nachrede hat man immer. Es ist das erste,
wogegen man gleichgültig werden muß. Nicht in Stolz, aber
in Liebe.'

,Das will ich gelten lassen. Aber die Liebe des natürlichen
Menschen bezeigt sich am besten in der Familie.'

,Ja, die des natürlichen Menschen...'

,Was ja so klingt, Frau Gräfin, als ob Sie dem
Unnatürlichen das Wort reden wollten.'

,In gewissem Sinne ,ja', Frau Domina. Was entscheidet, ist,
ob man dabei nach oben oder nach unten rechnet.'

,Das Leben rechnet nach unten.'

,Oder nach oben; je nachdem.'

So the end of the irritated discussion at the day of the burial.
Fontane himself was probably not very church-minded, perhaps

not even a true believer. Nevertheless, he writes a wholly theological, indeed a ecclesiastical novel. He tells the truth of faith, without taking interests. How get outsiders a glimpse of the interior? I could also ask: Why see the insinders only the outside?‚I love monasteries, if not for me personally.‘ That‘s preaching one of his characters in ‚Stechlin‘, the lovely Comtesse Armgard. Fontane puts his wisdom exclusively into the mouth of pleasant persons. The unsavory characters are getting nowhere fast or present their vain judgments.

Das war das Ende des gereizten Gesprächs am Tage der Grablegung. Fontane selbst war wohl nicht besonders kirchlich gesonnen, vielleicht nicht einmal richtig gläubig. Dennoch schreibt er einen ganz und gar theologischen, ja kirchlichen Roman. Er erzählt die Wahrheit des Glaubens, ohne dafür Zinsen zu nehmen. Wie bekommen die Außenstehenden einen Blick in das Innere? Ich könnte auch fragen: Warum bekommen die Innenstehenden nur das Äußere zu sehen? ‚Ich liebe Klöster, wenn auch nicht für mich persönlich‘, läßt er von einer seiner Figuren im Stechlin verkünden, von der liebenswürdigen Comtesse Armgard. Nur den sympathischen Personen legt er seine Weisheiten in den Mund. Die unappetitlichen Gestalten dürfen Stroh dreschen oder ihre eitlen Urteile pflegen.

The explanation of love to monasteries, which is at the same time a non-love, is not very difficult. To admire a voluntary or to complain an involuntary sacrifice is easier than to make a sacrifice itself. Watching life is less painful than playing along in life. Monastery stands for sacrifice, for a dedication of the self in favor of a higher life, which is certainly no life on earth; or in other words, this is in the Darwinian world of competition of no advantage.

Die Erklärung der Liebe des Adels zu den Klöstern, die zugleich keine Liebe ist, fällt so schwer nicht. Ein freiwilliges Opfer zu bewundern oder ein unfreiwilliges zu beklagen ist leichter, als ein Opfer zu bringen. Zuschauen im Leben ist schmerzloser als Mitspielen. Kloster steht für Opfer, für eine Hingabe des Ich zugunsten eines höheren Lebens, das jedenfalls kein irdisches Leben ist oder, anders gesagt, das in der Darwinischen Welt der Konkurrenz von keinem Vorteil ist.

Such a sacrifice you can praise, you can admire and you can love it at other people, even promote it in every way, but without participation of your own person in this devotion. Whether it is a lack of will or whether it is a lack of skill, there is an obstacle that prohibits your participation. ‚Why you can ever do that, as sacrifice yourself, that is the Great.‘ Such main wisdom of course may only arise from the lips of the hero himself, the lord of the castle Stechlin. As necessary for the bright view, a few days before death.

Solches Opfer kann man an anderen Leuten bewundern, loben und lieben, sogar auf alle Weise fördern, ohne doch für die eigene Person an dieser Hingabe teilzunehmen. Sei es ein fehlendes Wollen oder sei es ein mangelndes Können, da ist ein Hindernis, das die Teilnahme verbietet. ‚Warum man überhaupt so was kann, wie sich opfern, das ist das Große.‘ Solche Hauptweisheit darf natürlich nur aus dem Munde des Helden selber kommen, des Schloßherrn von Stechlin. Wie es sich für die Hellsicht gehört, ein paar Tage vor dem Tod.

Yes, the nobility and the sacrifice of life! At the very beginning of the long line, seven or eight centuries ago, there lived a hero, who actually put his life into play and would almost have sacrificed it, but he was lucky to win the victory with intelligence. In his descendants the active sacrifice is no longer usual, they only hold together the ownership and all rights, which is also a duty, but endangeres life less. In most cases, sacrifice is no longer necessary to stay on top. A little caution and self-control will suffice.

Ja, der Adel und das Opfer des Lebens! Ganz zu Anfang der langen Ahnenreihe, vor sieben oder acht Jahrhunderten, lebte einmal ein Held, der sein Leben tatsächlich aufs Spiel gesetzt und beinahe geopfert hätte, der aber mit Glück und Verstand den Sieg davon getragen hat. Bei seinen Nachkommen ist das aktive Opfern nicht mehr üblich, sie halten nur noch den Besitz und alle Rechte zusammen, was auch ein Opfer, nämlich eine Pflicht ist, aber das Leben weniger gefährdet. Meistens ist das Opfer auch nicht mehr nötig, um an der Spitze zu bleiben. Ein wenig Umsicht und Selbstbeherrschung werden schon ausreichen.

Nevertheless, nobility did not despise the dedication of life, quite the contrary, it has maintained the victim and passed it over to other people. In early times noble families founded many monasteries and have kept these houses in honor for centuries. They highly appreciated the sacrifice! It brought them many benefits. Of secular nature was the work performed in the house, in field and forest, but also from the spiritual side, the nobles took advantage of their monastery. Because the prince or the baron, who had to care and safeguard his power, let his monks and nuns pray on behalf of his sins. The sacrifice of others, whether voluntarily or a little bit forced is always my own advantage, which I like to watch, whether I am conscious of it or not. Kindly packed, filled with self-irony, the very young but old-noble Miss Armgard of course admits this contradiction: ‚If not for me personally.‘

Dennoch hat der Adel die Hingabe des Lebens nicht verachtet, ganz im Gegenteil, er hat das Opfer gepflegt und an andere Leute weiter gereicht. Adlige Geschlechter gründeten in früheren Zeiten gerne Hausklöster und haben diese dann über Jahrhunderte in Ehren gehalten. Weil sie das Opfer hoch geschätzt haben! Es brachte ihnen mancherlei Vorteile. Von weltlicher Art war die geleistete Arbeit in Haus, Feld und Wald; doch auch von spiritueller Seite zogen sie Nutzen aus ihrem Kloster. Denn der Fürst oder der Baron, der auf die Sicherung seiner Macht bedacht sein mußte, konnte die Mönche und Nonnen stellvertretend für seine Sünden beten lassen. Das Opfer des anderen, ob ganz freiwillig oder ein bißchen erzwungen, ist immer mein eigener Vorteil, dem ich gerne zuschaue, ob es mir nun bewußt ist oder nicht. Und liebenswürdig verpackt, mit Selbstironie gespickt, gesteht diesen Widerspruch das blutjunge, aber uradlige Fräulein Armgard selbstverständlich ein: ‚Wenn auch nicht für mich persönlich.‘

The poverty of earlier societies did not allow more participation in life. But the feudal times are over, and that's a good thing. Not only the nobles are to participate, each individual is called to be free and to live his life between profit and loss. For even bearing the loss of life in freedom, that's also full life. And what is life in freedom? It carries the name of the self-being, it means not be triggered from the outside. Free life will be the first cause in a causal chain, and much more. For a finite life this means to take responsibility for themselves and for others! No stone and no animal can act out of obligation, because they have no choice. Only man has the choice, so he is free to the extent that he takes responsibility. He is invoked to use his freedom and is warned of its abuse.

Die Armut der früheren Gesellschaften ließ mehr Teilnahme am Leben nicht zu. Doch die feudalen Zeiten sind vorbei, und das ist gut so. Nicht nur der Adelige soll teilnehmen, jeder einzelne Mensch ist berufen, frei zu sein, sein Leben zwischen Gewinn und Verlust zu leben. Denn auch den Verlust des Lebens in Freiheit zu tragen, gehört zum vollen Leben. Und was ist das Leben in Freiheit? Es trägt den Namen Selbstsein, es meint, nicht von außen angestoßen sein. Es will selbst erste Ursache in einer Kausalkette sein, und noch einiges mehr. Für ein endliches Lebewesen heißt dies: Für sich und für andere die Verantwortung zu übernehmen! Kein Stein und kein Tier kann aus Pflicht handeln, denn sie haben keine Wahl. Nur der Mensch hat die Wahl, deshalb ist er frei in dem Maße, wie er Verantwortung übernimmt. Er ist zum Gebrauch der Freiheit berufen und vor dem Mißbrauch gewarnt.

The theses of this book are rooted strongly in the thought of my teacher, Carl Friedrich von Weizsäcker. I have only updated them a little and brought them from ecology to theology. But in fact even Weizsäcker is already a theologian, when he is speaking as a physicist and philosopher. A double honorary doctor of theology, he held in any case. My thesis is inspired especially by the essay of 1978: ‚Are we going forward to an ascetic world culture?‘ It includes an observation and a suggestion. The matter was very important to the Freiherr, but at the same time he felt it difficult or even embarrassing, because the sacrifice does not fit into the program of modern humans.

Die Thesen dieses Buches wurzeln stark in den Gedanken meines Lehrers Carl Friedrich von Weizsäcker, die ich nur ein wenig weiter geführt, ein wenig aktualisiert und von der Ökologie in die Theologie gebracht habe. Doch eigentlich ist auch von Weizsäcker schon ein Theologe, wenn er als Physiker und Philosoph spricht. Ein doppelter Ehrendoktor der Theologie war er jedenfalls. Bei meinen Thesen steht insbesondere Pate der Aufsatz aus dem Jahre 1978: ‚Gehen wir einer asketischen Weltkultur entgegen?‘ Er enthält eine Beobachtung und einen Vorschlag. Die Sache war dem

Freiherrn sehr wichtig, doch zugleich auch schwierig oder sogar peinlich, denn das Opfer paßt nicht in das Programm des modernen Menschen.

Therefore Weizsäcker delivered his thoughts over this point never publicly, but – we must say that frankly – has hidden them in his books. I suppose he was afraid of the general audience, he would not forfeit his sympathies to the public and his big host. That was certainly populism, but also the populist can show responsibility if he gets his audience in this way so that they are deceived into the truth slowly. The outsider can indeed maintain the pure truth, but since he has no followers, his truth takes no living shape. No way here is gone without risk.

Deshalb hat Weizsäcker seine Gedanken über diesen Punkt niemals öffentlich vorgetragen, sondern – so muß man wohl sagen – in seinen Büchern versteckt. Ich nehme an, er scheute das große Publikum, er wollte sich seine Sympathien in der Öffentlichkeit und seine große Zuhörerschar nicht verscherzen. Das war gewiß Populismus; doch auch der Populist kann Verantwortung zeigen, wenn er sich auf diese Weise seine Zuhörer erhält, damit sie ganz langsam zur Wahrheit geführt, ja, weil der Weg so schmerzlich ist, langsam in die Wahrheit hinein getäuscht werden. Der Außenseiter kann die reinere Wahrheit pflegen, doch da er keine Anhänger hat, nimmt seine Wahrheit zu seinen Lebzeiten keine lebendige Gestalt an. Kein Weg wird hier ohne Gefahr begangen.

We look at what had von Weizsäcker to say to the few listeners who can hear unpleasant truths that are of no advantage in the Darwinian struggle for survival. An observation and a proposal Weizsacker has to offer, I said. In the observation, he looked at the cultures of past times and places, and his proposal was the need for ascetic culture for our time, here and now. Asceticism is his word for sacrifice. And really, we can understand his reluctance to address the issue: Who can score with the call for asceticism and sacrifice? Who can win elections or followers? Who can speak of it in a packed lecture hall? Who might be afraid of missing that all should leave this subject.

Schauen wir, was von Weizsäcker den wenigen Zuhörern zu sagen hatte, welche unangenehme Dinge hören können,

Wahrheiten, die keinen Vorteil bieten im Darwinischen Kampf ums Überleben. Eine Beobachtung und einen Vorschlag hat von Weizsäcker hier anzubieten, habe ich gesagt. In der Beobachtung sah er auf die asketischen Kulturen vergangener Zeiten und Räume, und sein Vorschlag war die Notwendigkeit einer asketischen Kultur für unsere Zeit, hier und jetzt. Askese ist sein Wort für Opfer. Und wirklich können wir seine Scheu bei dem Thema verstehehen: Wer kann mit der Aufforderung zu Askese und Opfer schon punkten? Wer Wahlen oder Anhänger gewinnen? Wer vor einem vollen Hörsaal sprechen? Wer das will, sollte von dem Thema lassen.

The thesis is unpleasant: There is no culture in history that would not have put sacrifice, renunciation, self-control in its midst. Not because the sacrifice would be pleasant, but because the sacrifice is so unpleasant. A culture that fails to cope with the affronts which life offers to life, such a society is destined to decline. Weizsäcker is driven by a gloomy idea: ‚To our consumptive culture, it was reserved to forget this experience.‘

Die unangenehme These lautet: Es gib keine Kultur der Weltgeschichte, die nicht das Opfer, den Verzicht, die Selbstbeherrschung in ihre Mitte gestellt hätte; nicht weil das Opfer angenehm wäre, sondern weil das Opfer so unangenehm ist. Eine Kultur, die es nicht schafft, mit den Zumutungen fertig zu werden, welche das Leben für das Leben bereit hält, eine solche Gesellschaft ist zum Tode bestimmt. Weizsäcker ist von einer dunklen Ahnung getrieben: ‚Unserer konsumtiven Gesellschaft blieb es vorbehalten, diese Erfahrung zu vergessen.‘

Which view shall we take here when we talk about the Church, spiritual life and the sacrifice, when we act between progress and regression? Above all: How do we do when we derive from the ecology of the Earth the impertinence of life? Should we set us up more as spectators, or more as teammates? I would say we take up both sides, because life or the author of life has put us on both sides. We are not just spectators, we are always participating in life, even if we deny life as wall stayers. Watching is enjoyable, I know it and I admit it gladly, without approving it. Our consumptive culture is a TV-viewing culture.

Welchen Blickwinkel nehmen wir hier ein, wenn wir über die Kirche, über spirituelles Leben und über das Opfer sprechen, wenn wir von Fortschritt und Rückschritt handeln, vor allem aber wenn wir aus der Ökologie der Erde die Zumutungen des Lebens ableiten? Sollen wir uns mehr als Zuschauer aufstellen oder mehr als Mitspieler? Ich würde sagen, wir nehmen beide Seiten ein, weil uns das Leben, weil uns der Urheber des Lebens auf beide Seiten gestellt hat. Wir sind nicht nur Publikum, wir sind immer auch Teilnehmer des Lebens, selbst wenn wir uns als Wandsteher dem Leben verweigern. Zuschauen ist angenehmer, ich weiß es und gebe es gerne zu, ohne es zu billigen. Unsere konsumtive Kultur ist eine fernsehende Kultur.

However, the inexorable fate has sent us without asking into life. Perhaps the meaning of life is precisely to answer the unasked question: ‚Would you accept the finite life and enter it?‘ Who answers afterwards in the affirmative, finds the meaning of life. Who says no, finds the meaning as well, but just in the reverse way. Man has the choice: Support for finite life through participation in the life, or indignation by remote standing, which is also a participation, which as well refuses to participate. In any case, there is much to do.

Allerdings hat das Schicksal unerbittlich über uns verfügt, als es uns ungefragt ins Leben geschickt hat. Vielleicht besteht der Sinn des Lebens gerade darin, die nicht gestellte Frage zu beantworten: ‚Möchtest du in das endliche Leben treten?‘ Wer nachträglich mit Ja antwortet, findet den Sinn des Lebens. Wer Nein sagt, findet den Sinn ebenfalls, nur eben umgekehrt. Der Mensch hat die Wahl: Zustimmung zum endlichen Leben durch Teilnahme am Leben, oder Empörung durch Fernstehen, was auch eine Teilnahme ist, die zugleich die Teilnahme ablehnt. Auf jeden Fall gibt es viel zu tun, ob ich nun Ja sage oder Nein.

And what exactly now is progress? Yes, what do we mean by that? One might respond in two ways. One answer is: More life, more enjoyment of existence, a longer life, and above all freedom from pain, illness and death. Is that progress? For centuries we were walking into this direction, but all these goals are not reached yet. In this direction has acted the prince, the noble, the monastery owners. Or in later times, the factory owner has acted so and has paid to his workers only starvation wages.

Und was ist jetzt ganz genau der Fortschritt? Ja, was meinen wir damit? Man könnte auf zweierlei Weise antworten. Die eine Antwort lautet: Mehr Leben, mehr Genuß am Dasein, eine längere Existenz, und vor allem Freiheit von Schmerz, Krankheit und Tod. Ist das der Fortschritt? Wir gehen seit Jahrhunderten in diese Richtung, doch ganz sind diese Ziele noch nicht erreicht. In diese Richtung hat auch der Fürst, der Adlige, der Klosterbesitzer gedacht. Oder in späteren Zeiten hat der Fabrikbesitzer so gedacht und Hungerlöhne an seine Arbeiter gezahlt.

Well, if I stand on the right side, the enjoyment of life is a progress that is pleasant. But when I'm on the wrong side? We can not shake off our origins from the struggle for existence. I could be born on the other side. Then, suddenly, progress will appear to me as a step backwards, because it takes my life in the factory, or at least cuts it fraudulently. Or, even worse, if I am one of the 100 million dead in the 20th century who were killed by progressive weapons.

Nun ja, wenn ich auf der richtigen Seite stehe, ist der Genuß des Lebens ein Fortschritt, der angenehm ist. Aber wenn ich auf der anderen Seite stehe? Wir können unsere Herkunft aus dem Kampf ums Dasein nicht abschütteln. Ich könnte auch auf der anderen Seite geboren sein. Dann will mir der Fortschritt plötzlich als Rückschritt erscheinen, weil er mir in der Fabrik das Leben raubt oder wenigstens arglistig beschneidet oder, noch schlimmer, wenn ich zu den 100 Millionen Toten gehöre, die im 20. Jahrhundert durch fortschrittliche Waffen getötet wurden.

We must be careful. The other answer is: More readiness for life as it really is! That is no longer simply the desire for more life, but the knowledge of finite life which has his death in sight. Real progress should have passed the Darwinian test: Who wants to preserve his life in the long run, must fight infinitely much, and yet ends up losing his life. ‚I am convinced that Darwin's realism, contains the urgent call for a deeper philosophy and theology.‘ What herald of progress has been exposing himself to this test? Therefore, the progress can so easily turn into regression, we have seen it often enough. A first turn we have just seen, I mean, the nobility of the past which has presented us the ambiguity of life with the administration of the sacrifice.

Wir müssen also vorsichtig sein. Die andere Antwort lautet: Mehr Bereitschaft zum Leben, wie es wirklich ist! Das ist dann nicht einfach das Verlangen nach mehr Leben, sondern die Erkenntnis des endlichen Lebens, das den Tod vor Augen hat. Wahrer Fortschritt sollte die Darwinprobe bestanden haben: Wer sein Leben auf Dauer bewahren will, muß unendlich viel kämpfen, und er wird doch am Ende sein Leben verlieren. ‚Nach meiner Überzeugung enthält der Realismus Darwins auch die Aufforderung zu einer tieferdringenden Philosophie und Theologie.‘ Welcher Verkünder von Fortschritt hat sich dieser Probe bisher ausgesetzt? Deshalb schlägt Fortschritt so leicht in Rückschritt um, wir haben es oft genug erlebt. Einen ersten Umschlag haben wir gerade gesehen, ich meine, den Adel der Vergangenheit, der uns mit der Verwaltung des Opfers die Doppeldeutigkeit des Lebens vorgeführt hat.

Or perhaps we should issue the mastery of nature as progress? Can we thus escape the dialectic of progress and regression? You will be the masters and owners of nature, if you accept my philosophy, Descartes had proclaimed in 1637. One must hear it in French: Elle ‚nous rendre comme maîtres et possesseurs de la nature‘.

Oder sollten wir vielleicht die Beherrschung der Natur als Fortschritt ausgeben? Können wir so der Dialektik von Fortschritt und Rückschritt entgehen? Ihr werdet die Meister und Besitzer der Natur sein, wenn ihr meine Philosophie annehmt, hatte Descartes 1637 ausgerufen. Man muß es auf Französisch hören: Elle ‚nous rendre comme maîtres et possesseurs de la nature‘.

Did progress reach its destination through science and technology? Have we become the masters of the universe after four centuries? We are controlling nature a little bit, yes, yes, even a lot more than 400 years ago if you want. But not completely, the finiteness we have not shaken off an inch. And that's the problem, the finiteness of our life. Natural science in the 20th century has recognized time and space to be finite. Therefore, also man has no longer need to deny his finitude. And by the way, the Cartesian progress has some risks in his entourage. The protectors of nature will gladly discuss with you the risks to the environment, which are more than just residual risks, but threaten life on earth.

Hat der Fortschritt durch Wissenschaft und Technik sein Ziel erreicht? Sind wir nach vier Jahrhunderten zu Herrschern über die Natur aufgestiegen? Ein wenig beherrschen wir sie, ja, das stimmt, sogar sehr viel mehr als damals, wenn man so sagen will. Aber vollständig nicht, die Endlichkeit haben wir nicht einen Millimeter abgeschüttelt. Und das ist das Problem, die Endlichkeit. Da die Naturwissenschaft im 20. Jahrhundert wieder Raum und Zeit als endlich erkannt hat, deshalb braucht auch der Mensch seine Endlichkeit nicht mehr zu leugnen. Und nebenbei, der cartesische Fortschritt hat einige Risiken in seinem Gefolge. Die Schützer von Natur klären gerne über die Gefahren für die Umwelt auf, die mehr als nur Restrisiken sind, sondern das Leben insgesamt auf der Erde bedrohen.

If we look at the political revolutions, the French or Russian or some other, did they gain more life for all people? At first they did not mean life but death for many people. ‚The revolution devours its children.‘ That has become the common saying. However, many democracies have taken the place of the aristocracy, which is welcome in principle. Because everyone should determine what determines his life, even if the decision is stressful. But even democratic societies can degenerate if they take freedom as mere recreation and abuse it in this way, both the freedom and the Earth. As a remedy, the policy is threatening with eco-dictatorship.

Oder, wenn wir auf die politischen Revolutionen schauen, die französische oder die russische oder einige andere, haben sie das Ziel, mehr Leben für alle zu gewinnen, erreicht? Zuerst bedeuteten sie nicht Leben, sondern Tod für sehr viele Leute. ‚Die Revolution frißt ihre Kinder.‘ Das wurde zum geläufigen Sprichwort. Doch viele Demokratien sind an die Stelle der Adelsherrschaft getreten, was im Prinzip zu begrüßen ist. Denn jeder soll mitentscheiden, was über sein Leben entscheidet, selbst wenn die Entscheidung anstrengend ist. Doch auch demokratische Gesellschaften können entarten, wenn sie die Freiheit als bloße Freizeit nehmen und auf diese Weise sowohl die Freiheit als auch die Erde mißbrauchen. Als Gegenmittel droht die Politik mit der Ökodiktatur.

I will not go into further details, because ultimately there is no human life without risk. Not about a few degrees in the compass of life we should have clarity, but about the overall direction that we pursue with the compass. Better because in the end even more practical, I will ask here theoretically and basically: What is the meaning of progress? Where from comes the contradiction in progress? And how can a reasonable person act in to progress and regress?

Ich will hier nicht auf Einzelheiten eingehen, denn schließlich gibt es kein menschliches Leben ohne Risiko. Nicht über ein paar Grade im Kompaß des Lebens sollten wir Klarheit gewinnen, sondern über die Richtung insgesamt, die wir mit dem Kompaß einschlagen. Besser, weil am Ende sogar praktischer, will ich die Frage hier theoretisch und grundsätzlich stellen: Was ist der Sinn von Fortschritt? Woher kommt der Widerspruch im Fortschritt? Und wie sollte ein vernünftiger Mensch sich zu Fortschritt und Rückschritt verhalten?

At first glance progress and life are just the same thing. As we earthly beings are familiar with life, it is born out of the struggle for survival, and it wants to continue to survive. ‚Survival of the fittest' is the Darwinian keyword. Where the will to survive is missing or where the capacity is lost, there will soon be no life to be found at all. Just here a typical contradiction of finite life is felt, indeed, a gulf opens up: **Although the survival is the goal of life, this goal is never achieved, and will never be achieved in nature anywhere.** All winners in the struggle for survival are even grandchildren in this fight, but they will not survive in the long run, only for a short time, very short.

Zunächst einmal ist Fortschritt und Leben einfach dasselbe. Wir sind irdische Wesen, wir kennen das Leben nur aus dem Kampf ums Überleben, es will weiterhin überleben. ‚Survival of the fittest' ist das Darwinische Stichwort. Wo der Wille zum Überleben fehlt oder wo die Fähigkeit verloren gegangen ist, dort wird bald überhaupt kein Leben mehr zu finden sein. Nur macht sich hier ein typischer Widerspruch des endlichen Lebens bemerkbar, ja, ein Abgrund tut sich auf: **Obwohl das Überleben das Ziel des Lebens ist, wird dieses Ziel nirgendwo und niemals in der Natur erreicht.** Alle Sieger im Kampf ums Überleben sind zwar auch Enkel in diesem Kampf, sie werden aber auf Dauer nicht überleben, oder nur für kurze, sehr kurze Zeit.

This is the first contradiction that we see at work when we look at natural life. The second contradiction is the main content of life, that is to provide the funds for the survival of life that nevertheless sinks into death. A remarkable phenomenon: In the case of life, the goal is to provide the resources to pursue this goal, but that goal will soon no longer be achieved. Here the cat bites its tail, first contradiction; and that for only a short time, second contradiction. ‚Life is short, but the hour is long.‘ With this correct sigh, the lord of the castle Dubslav von Stechlin, a few weeks after the disease has begun, says good-bye from life.

Das ist der erste Widerspruch, den wir erkennen, wenn wir das natürliche Leben anschauen. Der zweite Widerspruch ist der Hauptinhalt des Lebens, der in der Sorge besteht, die Mittel für das Überleben des Lebens bereit zu stellen, das dann doch im Tode versinkt. Eine merkwürdige Erscheinung: Im Falle des Lebens besteht das Ziel darin, die Mittel bereit zu stellen, dieses Ziel weiterhin zu verfolgen, doch dieses Ziel wird in nächster Zukunft nicht mehr erreicht werden können. Da beißt sich die Katze in den Schwanz, erster Widerspruch, und das nur für kurze Zeit, zweiter Widerspruch. ‚Das Leben ist kurz, aber die Stunde ist lang.‘ Deshalb, mit diesem korrekten Seufzer, nimmt der Schloßherr Dubslav von Stechlin nach einigen Wochen der Krankheit seinen Abschied von diesem Leben.

There is a inherent contradiction in life: It is mortal, but does not like mortality. It is finite and strives to be not-finite. Long before the beginning of disease, loneliness and death is the finitude the source from which swells the contradiction of existence on earth. Nobles who could trace their nobility to at least the third crusade, or socialists who want to believe in the happiness of the future classless society, may push their finiteness in this way on the backburner. A solution is neither this nor that, therefore both routes offer no relief from the finiteness, nor does any other route. Each genus is mortal like every single living is mortal within the genus. Not even will survive the selfish gene.

Dem Leben wohnt ein Widerspruch inne: Es ist sterblich, will aber nicht sterben. Es ist endlich und strebt danach, nicht endlich zu sein. Schon weit vor dem Beginn von Krankheit, Einsamkeit und Tod ist die Endlichkeit die Quelle, aus welcher der Widerspruch des Daseins quillt. Adlige, die ihren Adel bis wenigstens dritten Kreuzzug zurückführen können, oder Sozialisten, die an das Glück der künftigen klassenlosen Gesellschaft glauben wollen, mögen ihre Endlichkeit in dieser Weise auf die lange Bank schieben. Eine Lösung ist weder so noch so in Sicht, deshalb bieten beide Wege keine Erlösung von der Endlichkeit an, und alle anderen Wege auch nicht. Jede Gattung ist sterblich wie jedes einzelne Lebewesen sterblich ist innerhalb der Gattung. Nicht einmal das egoistische Gen wird überleben.

Of course you can also turn the tables and vomit life with the cry: Aut Caesar, aut nihil! If I even can not be emperor, if I can not own the earth, if the world of infinity is denied to me, then I choose the opposite, I plunge myself into the void. Is this a solution? For a brief moment, I can understand the way. But shall I recommend that way? Finite life lies between infinity and nothingness, and it is tempting to want a clean sweep with a smooth solution. If one side can not be achieved, then perhaps the other side? The main thing it is a clear shot, even if it is one-sided?

Natürlich kann man den Spieß auch umdrehen und das Leben mit dem Ruf ausspeien: Aut Caesar, aut nihil! Wenn ich schon nicht Imperator sein kann, wenn mir der Besitz der Erde, der Welt, der Unendlichkeit verwehrt ist, dann wähle ich das Gegenteil, ich stürze mich in das Nichts. Ist das eine Lösung? Für einen kurzen Augenblick kann ich diesen Weg verstehen. Aber den Weg empfehlen? Das endliche Leben steht zwischen der Unendlichkeit und dem Nichts, und da ist es verführerisch, mit einer glatten Lösung reinen Tisch machen zu wollen. Wenn die eine Seite nicht zu erreichen ist, dann vielleicht die andere Seite, Hauptsache eindeutig, selbst wenn es einseitig wird!

In many areas already, I had to admire the power of perception of Romano Guardini, died 1968, of this German philosopher and priest. In the case we are probing, it is proving its worth once again. His philosophy of the person has made him clairvoyant for the redemption, which the modern era had offered to humanity for redemption, but in neraly all cases were, no in all cases were bought by imbalance and embezzlement. He says the ancient world was not aware of the concept of a person, indeed, the concept seems not to be found outside the biblical area neither in the East nor in the South of Europe. But the modern spirit in Europe itself tends to resolve the person, ,or to overshoot the finiteness of the person and talk of it in a way that is allowed only of the absolute person.'

Auf vielen Gebieten schon hatte ich die Wahrnehmungskraft Romano Guardinis zu bewundern, gestorben 1968, dieses deutschen Philosophen und Priesters. Auch in diesem Falle bewährt sie sich wieder. Seine Philosophie der Person hat ihn hellsichtig gemacht für die Erlösungen, welche die Neuzeit angeboten hatte, die aber in der Mehrzahl wohl durch Einseitigkeit und damit Unterschlagung erkauft waren. Er meint, die Antike habe den Begriff der Person gar nicht gekannt, ja der Begriff scheine sich außerhalb des biblischen Bereiches überhaupt nicht zu finden, weder im Osten noch im Süden von Europa. Der neuzeitliche Geist in Europa selbst aber neige dazu, die ,Person aufzulösen... – oder aber die Endlichkeit der Person zu überschwingen und von ihr in einer Weise zu reden, die nur von der absoluten Person zulässig ist'.

In noble shape one may admire the resolution in Buddha, Siddhartha Gautama, that is why Guardini has honored him with great respect. But the less noble resolution is more common in the world. Here man is sunk into the gene pool, there he is set down to the trained monkey, or he is entitled a gypsy who is playing his lost game against all better knowledge at the edge of the universe. All this of the disappointment over the finiteness of human being who can not be infinite! The human being always stands between growth and decline, never on the side of the void and never on the side of infinity, always in between. But redemption through a reduction in upward or downward direction is not in sight. This inhibits reality, this denies the author of life. Why? It's simple: Because He has brought us to life without asking us. That's why I'm not nothing, and I'm not all.

In edler Gestalt mag man die Auflösung in Buddha bewundern, weshalb Guardini diesen Siddhartha Gautama mit großer Achtung behandelt hat. Aber die weniger edle Auflösung findet sich häufiger in der Welt. Da wird der Mensch im Genpool versenkt oder er wird zum dressierten Affen herab gesetzt, oder er wird als Zigeuner betitelt, der am Rande des Universum wider alles bessere Wissen sein verlorenes Spiel treibt. über den endlichen Menschen, der nicht der unendliche sein kann! Immer steht der Mensch zwischen Wachstum und Abnahme, niemals auf der Seite des Nichts oder der Unendlichkeit, immer dazwischen. Doch eine Erlösung durch Reduzierung nach oben oder nach unten ist nicht in Sicht, das läßt die Wirklichkeit nicht zu, das verwehrt der Urheber des Lebens. Warum? Ganz einfach: Weil er uns ungefragt ins Leben gestellt hat. Deshalb bin ich nicht Nichts und nicht Alles.

1.2 On what basis should I put my eye-opener? Finally, not every idea is pouring out of the Holy Spirit, sometimes the infusion comes from below. So, how can I make the idea durable and responsible? Or vice versa, how shall we keep away the conflict between progress and regress from oblivion, as we are harassed in daily life with ever new joy and burden?

Auf welche Grundlage soll ich mein Aha-Erlebnis, das ich dem Schriftsteller Fontane verdanke, stellen? Schließlich ist nicht jeder Einfall eine Eingießung des Heiligen Geistes, manchmal kommt die Eingießung auch von unten. Wie also kann ich den Einfall haltbar und verantwortbar machen? Aber auch umgekehrt: Wie sollen wir den ewigen Streit von Fortschritt und Rückschritt vor dem Vergessen bewahren, da uns das tägliche Leben mit immer neuer Lust und Last bedrängt?

I take Charles Darwin and Jesus Christ to help, just these two. Their close relationship will be obvious immediately. They are two great teachers of life, one for the outer, the other for the inner life, that is of life itself. Of course, the teaching of evolution is not leading directly to church doctrine, but yet the evolutionary biology leads indirectly to the theology of love, namely, by the **method of connection in contradiction**. The contradiction of life, which is tied into it, we have already seen. The only question is how we can tie on to this node.

Ich nehme Charles Darwin und Jesus Christus zu Hilfe, gerade diese beiden. Das sind zwei große Lehrer des Lebens, einmal des äußeren, dann des inneren Lebens, also des Lebens überhaupt. Ihre nahe Verwandtschaft wird sich sofort zeigen. Natürlich kann die Evolutionslehre nicht unmittelbar zur jesuanischen Lehre mutieren, dennoch führt die Evolutionsbiologie auf eine gewisse und konsequente Weise zur Theologie der Liebe, nämlich durch **die Methode der Anknüpfung im Widerspruch**. Den Widerspruch des Lebens, das in sich verknotet ist, haben wir schon gesehen, es fragt sich nur, wie wir an diesen Knoten anknüpfen können.

What should we assume to be the central point of Darwin? I think it is not quite wrong to say: This is the ‚survival of the fittest‘, we have already mentioned it. The will to survive is the engine that drives the living beings, the other parts we don‘t have to consider further more at this place. For example the interplay of mutation and selection, or the doctrine of Malthus about the ever-scarce places of life in the world. These are important building blocks that keep the engine of biological life in motion, but the engine itself, that is the will to survive. Also about the molecular genetics, which regulates all transactions, we have nothing more to say in this place.

Welche Aussage Darwins sollen wir als in der Mitte stehend einstufen? Ich denke, es ist nicht ganz falsch zu sagen: Das ‚survival of the fittest‘, das wir schon erwähnt haben, steht im Zentrum der Evolutionslehre. Der Wille zum Überleben ist der Motor, der das Leben antreibt, dessen andere Teile wir hier nicht weiter bedenken müssen. Wie zum Beispiel das Spiel von Mutation und Selektion, oder die Lehre von Malthus über die allzeit knappen Plätze des Lebens in der Welt. Das sind wichtige Bausteine, die den Motor des Lebens in Gang halten, aber der Motor selbst, das ist der Wille zum Überleben. Von der molekularen Genetik, die allen Vorgängen zugrunde liegt, ist hier ebenfalls nichts weiter zu sagen.

Darwin's statement is contradicted by the statement of Jesus, or perhaps it has Darwin at its side,: **‚Who wants to save his life will lose it, but whoever loses it will keep it.‘** What could this Mors-Vita-word mean? Jesus sees a contradiction in life, a dialectic at work, to which man has to find an answer. What contradiction and what answer? If you are looking for information at professional exegetes, you get two or three different answers, which probably reflect something of the dialectic of life but remain itself quite superficial. Part of the experts explain that the word demands in the face of Jesus‘ message to regard, to rethink and to repent one‘s own life.

Der Aussage Darwins steht die Aussage Jesu entgegen, oder vielleicht steht sie Darwin auch zur Seite: ‚Wer sein Leben bewahren will, wird es verlieren; wer es dagegen verliert, wird es bewahren.‘ Was mag dieses Mors-Vita-Wort heißen? Jesus sieht im Leben einen Widerspruch, eine Dialektik am Werk, auf welche der Mensch eine Antwort finden muß. Welchen Widerspruch und welche Antwort? Wenn man Auskunft bei beruflich Bibelkundigen sucht, so erhält man zwei oder drei verschiedene Antworten, die wohl etwas von der Dialektik des Lebens widerspiegeln, aber dem

Leben selbst recht äußerlich bleiben. Ein Teil der Fachleute erklärt, mit dem Wort fordere Jesus angesichts seiner Botschaft auf, umzudenken, umzukehren und das eigene Leben zu ändern.

Is this is a sufficient explanation? If I should change my life, then life goes on even then, the substance of life does not seem to be in danger, I want or I shall leave only a few flaws in my life. Life in its substance seems not to be at risk. But according to the word of Jesus life is worried about life itself, which I want to sustain and I can't. May I escape this fundamental contradiction by changing my life? Perhaps, but then there must be attention to the inner contradiction of life itself, and I read little or no comment about this issue.

Ob diese Deutung ausreicht? Wenn ich mein Leben ändern soll, dann bleibt das Leben selbst bestehen, seine Substanz scheint nicht in Gefahr zu sein; ich soll oder ich will nur ein paar Mängel in meinem Leben abstellen. Doch nach dem Wort Jesu geht es im Leben um dieses Leben selbst, das ich erhalten will und nicht erhalten kann. Entgehe ich diesem Grundwiderspruch durch Änderung meines Lebens? Vielleicht, doch dann muß von dem inneren Widerspruch des Lebens selbst die Rede sein, und davon habe ich in keinem Kommentar etwas gelesen.

Other experts feel themselves invited to martyrdom. Anyway, in the case of emergency the followers of Jesus shall leave their lives for the faith. Then the new life of course can only be won in the coming eon, not at this time, only after death. This interpretation is quite good, in extreme cases the word can actually accompany to martyrdom. Because to preserve one's own life at any cost, would kill the meaning of life. But the deep contradiction of life that comes from death and struggles a deadly fight for survival and yet does not achieve the goal of survival, under no circumstances, is not yet touched by such superficial disclosure.

Andere Bibelkundige sehen sich durch das Wort zum Martyrium aufgefordert. Jedenfalls im Notfall soll der Anhänger Jesu für den Glauben das Leben lassen. Dann kann das neue Leben natürlich nur im kommenden Äon gewonnen werden, nicht in dieser Zeit, sondern erst nach dem Tode. Diese Deutung ist schon ganz gut, im Grenzfall kann das Wort tatsächlich zum Martyrium geleiten, denn das eigene Leben um jeden Preis erhalten zu wollen, würde den Sinn des Lebens töten. Aber der tiefe Widerspruch des Lebens, das aus dem Tode kommt, das einen tödlichen Kampf ums Überleben ficht und doch das Ziel des Überlebens unter keinen Umständen erreicht, ist mit dieser Auskunft noch nicht berührt.

Also, the excesses of life that were celebrated in Sodom and Gomorrah and are cited by other experts, are likely to far exceed from the sense of the word. How should Jesus have the knowledge of death and life, if he would not have an answer to the everyday and yet flagrant contradiction of life? I mean, the knowledge of life we have to find in this word, precisely because it deals with death and life, and because Jesus has also performed it several times in his mouth and also lived at this word. **I call it the Mors-Vita-Word of Jesus, the founding document of the good religion.**

Ebenfalls die Exzesse des Lebens, die andere Ausleger anführen, wie sie in Sodom und Gomorrha gefeiert wurden, dürften nur von ferne den Sinn des Wortes treffen. Wie sollte Jesus aber das Wissen von Tod und Leben haben, wenn er auf den ganz alltäglichen und doch schreienden Widerspruch des Lebens keine Antwort hätte? Ich meine, das Wissen vom Leben müssen wir in diesem Wort suchen, eben weil es von Tod und Leben handelt, auch weil Jesus es einige Male im Munde geführt und auch wohl selbst nach diesem Wort gelebt hat. **Ich nenne das Mors-Vita-Wort Jesu die Gründungsurkunde der guten Religion.**

The bad religion also exists, it constitutes the main part of religious life, it is the religion of the dog. It even has an eye on the dangers of life to which it is daily exposed. But the bad religion does not accept life's finiteness, instead it uses religious exercises and even God himself as the means to extend somehow the finite to the infinite life. As the dog looks at his master, man in the bad religion looks at God, so that He might secure his fluctuating identity. For that very reason nature in modern times could occupy the place of God, and for that naturalism, the belief in the redemptive function of science and technology, was a bad religion, in which the endangered Earth residents sought salvation through the mastery of nature. We have heard of it, Descartes was the first to promise it clearly.

Die schlechte Religion gibt es auch, sie macht den Hauptteil des religiösen Lebens aus, sie ist die Religion des Hundes. Sie hat ebenfalls die Gefahren im Blick, denen das Leben täglich ausgesetzt ist. Aber die schlechte Religion akzeptiert das endliche Leben nicht, es setzt vielmehr die religiösen Übungen und Gott selbst als Mittel ein, um das endliche irgendwie in das unendliche Leben zu verlängern. Wie der Hund auf seinen Herren schaut, so schaut der Mensch in der schlechten Religion auf Gott, damit dieser ihm seine schwankende Identität befestigt. Eben darum konnte in der Neuzeit die Natur an die Stelle Gottes treten, darum ist auch der Naturalismus, also der Glaube an die erlösende Funktion von Wissenschaft und Technik, eine schlechte Religion, in welcher der gefährdete Erdenbewohner sein Heil in der Beherrschung der Natur suchte. Wir haben davon gehört, Descartes hatte es als erster deutlich versprochen.

I think every bad religion is committing crimes because it must use violence and feels itself justified, without getting to its destination. Every new day proclaims to every human his mortality. Anyone who sees life only in its finite risk posed to living organisms or to other foreign religions and world views, will feel threatened. Who wants to keep his life on its own power this human being is not able to keep it. And this knowledge all people have all the time, whether they like it or not, and in case of conflict, a natural human being preferes its life more than the life of its neighbor. And the grace of God? Yes, it exists, but it does not work to save man's life on earth. **Grace does qualify to the participation in real life, not to retain life.**

Und ich denke, jede schlechte Religion begeht Verbrechen, weil sie Gewalt verwenden muß und diese für gerechtfertigt hält, ohne damit zum Ziel zu kommen. Jeder Tag verkündet jedem Menschen seine Sterblichkeit. Wer in seinem endlichen Leben nur die Gefährdung sieht, die von anderen Lebewesen oder fremden Religionen und Weltbildern ausgeht, wird sich bedroht fühlen. Wer sein Leben behalten will aus eigner Kraft, der wird es nicht behalten können. Und dieses Wissen begleitet den Menschen allezeit, ob er es will oder nicht, und im Konfliktfall zieht der natürliche Mensch sein Leben dem Leben des Nachbarn vor. Und die Gnade Gottes? Ja, sie gibt es, sie ist aber nicht dazu da, dem Menschen das Leben auf der Erde zu erhalten. **Die Gnade will befähigen, am wirklichen Leben teilzuhaben, nicht das Leben festzuhalten**.

I can not help myself, but I think one must have accepted his death, to live without crime in this world. One must want something different in its own life than just to save this life. Even those who follow the banal speech: I want to enjoy my life to the full, is afraid of death, commits injustice and therefore is missing his life. ‚One must be dead to be quite a creator.‘ With this sentence, Thomas Mann touches the mystery of life, of death, the willingness to death, from which springs off a new life. Of course, this is a literary figure, because this creator was just a literary man; that was his life what he wanted to win.

Ich kann mir nicht helfen, aber ich meine, man muß seinen Tod angenommen haben, um ohne Verbrechen in dieser Welt leben zu können. Man muß etwas anderes in seinem Leben wollen, als nur sein Leben erhalten zu wollen. Selbst wer der banalen Rede folgt: Ich will etwas vom Leben haben, fürchtet sich vor dem Tod, begeht Unrecht und verfehlt deshalb sein Leben. ‚Man muß gestorben sein, um ganz ein Schaffender zu sein.‘ Mit diesem Satz rührt Thomas Mann an das Geheimnis des Lebens, an den Tod, an die Bereitschaft zum Tode, aus dem das Leben neu entspringt. Natürlich ein wenig in literarischer Gestalt, denn dieser Schaffende war eben ein Literat, das war sein Leben, das er gewinnen wollte.

With this death, which is meant seriously enough, the person enters into a life in which no longer just survival holds the first place. At the top we have seen and recognized the dialectic, the contradiction of the merely external life: Darwinian and biological life only aims for survival, and that life is tragic, because life does not reach its goal, for the simple reason because all the others want to reach the same goal. Competition produces death.

Durch dieses Sterben, das ernst genug zu nehmen ist, tritt der Mensch in ein Leben ein, in dem es nicht mehr nur um das eigene Überleben im natürlichen Sinne geht. Das hatten wir oben als die Dialektik, als den Widerspruch des bloß äußeren Lebens erkannt: Dem Darwinischen und biologischen Leben geht es nur um das Überleben, und dieser Lebensinhalt ist tragisch, da das Leben sein Ziel nicht erreicht, aus dem Grunde, weil auch alle anderen das Ziel erreichen wollen. Die Konkurrenz erzeugt den Tod.

After you have died, a different content of life appears: Now it is no longer my own life that I take interest in, it's also the other life. ‚You should not be pleased about the fall of your enemy. Not be your heart glad about his bad luck.' So speaks Moses or better the writer Thomas Mann in high spirits, because as a dead man he is in full creation. If I have mercy on my enemies, then the Darwinian law is not the basic law of all life. And this liberation away from myself I feel as a redemption, as a breakthrough away from myself and in the same moment towards myself, because I must no longer be worried about my own life. ‚Be without concern for yourself', is another of the favorite words of Jesus. In any case the Mors-Vita-Word of Jesus is only understandable against the background of the theory of evolution, as a connection in contradiction to the contradictions of life. Otherwise it has little power.

Nachdem man gestorben ist, taucht ein anderer Inhalt des Lebens auf: Jetzt geht es dem Leben nicht mehr nur um das eigene Leben, es geht auch um das andere Leben. ‚Du sollst dich des Falles deines Feindes nicht freuen; nicht sei dein Herz froh über sein Unglück.' So kann der Literat in gehobener Stimmung den Mose ganz unmosaisch sprechen lassen, weil er als Gestorbener im Schaffen steht. Wenn ich Erbarmen mit meinem Feinde habe, dann ist das Darwinische Gesetz doch nicht das Grundgesetz des Lebens gewesen. Und diese Befreiung von mir selbst empfinde ich als Erlösung, als Durchbruch von mir selbst weg und gleichzeitig zu mir hin, weil ich nicht mehr in Sorge sein muß um mein eigenes Leben. ‚Seid ohne Sorge um euch selbst', ist ein weiteres der Lieblingsworte Jesu. Jedenfalls wird sein Mors-Vita-Wort Jesu nur auf dem Hintergrund der Evolutionslehre verständlich, als Anknüpfung im Widerspruch an die Widersprüche des Lebens. Ansonsten hat es wenig Kraft.

Of what shape is this different life? Yes, this question will require another consideration. Nature, as we know it shows itself in the inanimate and the animate form. The first form of nature is treated by physics, the other by biology. In the 20th century the two sciences have taken a unique direction, because they have received from the quantum theory and from the theory of evolution their new bases. They are now based on two principles: chance and necessity as well as mutation and selection.

Welches Aussehen dieses andere Leben hat? Ja, dazu braucht es eine weitere Überlegung. Die Natur, wie wir sie kennen, begegnet uns in unbelebter und in belebter Gestalt. Von der einen Gestalt der Natur handelt die Physik, von der anderen die Biologie. Die beiden Wissenschaften haben sich im 20. Jahrhundert in eine eindeutige Richtung bewegt, weil sie von der Quantentheorie und der Evolutionslehre ihre neuen Grundlagen bekommen haben. Ihnen liegen zwei Prinzipien zugrunde: Zufall und Notwendigkeit sowie Mutation und Selektion.

These both we can recognize as an expression of a double principle: The first principle is the ignorance, the random and the mutation, the other is a principle of knowledge that means necessary and selection. These two cannot be united. Knowledge and ignorance can't be connected into any new knowledge, no dialectic creates a new synthesis. So we should become aware: **Not all reality is nature.** This other reality, different from nature, that is what we are looking for. We can call it real life, or freedom, or God, or person. Or the neighbor, in which I see brother and sister.

Diese beide können wir als Ausdruck eines Doppelprinzips erkennen: Das eine Prinzip ist das Nichtwissen, der Zufall und die Mutation, das andere ist ein Prinzip des Wissens, das ist Notwendigkeit und Selektion. Diese beide lassen sich nicht weiter vereinen, Wissen und Nichtwissen können in kein neues Wissen verbunden werden, keine Dialektik schafft die Synthese. Also sollte man zu der Erkenntnis gelangen: **Nicht alle Wirklichkeit ist Natur.** Diese andere Wirklichkeit, die anders ist als Natur, das ist das, was wir als das Leben suchen. Wir können es das wahre Leben nennen, oder die Freiheit, oder Gott, oder Person. Oder den Nächsten, in dem ich Bruder und Schwester erkenne.

The findings of Darwin and Jesus are completely compatible – up to the sign, which I give to life: The theory of evolution explains life on the natural plane, the word of Jesus, however, is the discovery of the reality that lies beyond nature and forms its figures in nature. The experience of a successful conversion to the good religion would say: I have understood very well the deadly race in world and nature, I'm no longer with it, I leave the arena. No, not quite, I go to the edge of the arena and there I care for the sick and wounded of the endless struggle for existence. That was probably what Nietzsche meant when he insulted Christianity and awarded him the honorary title of Hospital religion: ‚The Christian concept of God – God as God sick.‘

Die Einsichten Darwins und Jesu ergänzen sich vollständig, eben bis auf das Vorzeichen, das ich dem Leben gebe: Die Evolutionslehre beschreibt das Leben auf der Naturebene; das Wort Jesu dagegen ist die Entdeckung der Wirklichkeit, die über die Natur hinaus liegt und in der Natur ihre Gestalten ausbildet. Die Erfahrung einer gelungenen Bekehrung zur guten Religion würde also besagen: Ich habe den tödlichen Wettlauf in Welt und Natur verstanden, ich mache ihn nicht mehr mit, ich verlasse den Kampfplatz. Nein, nicht ganz, ich gehe an den Rand des Platzes und pflege dort die Kranken und Verwundeten des endlosen Kampfes ums Dasein. Das war es wohl, was Nietzsche gemeint hatte, als er das Christentum beschimpfte und ihm den Ehrentitel der Hospitalreligion verlieh: ‚Der christliche Gottesbegriff – Gott als Krankengott.‘

‚Terra accusat terram.‘ This might be what Jesus has written into the sand when he was introduced to the adulteress to be stoned, or when he thought of Nietzsche: ‚The earth accuses the earth.‘ Who has gone to the edge of the arena, is no longer in need to complain, because the enemies are gone out. He has no fear for his life, he no longer struggles, he tends to the wounded. He has peace.

‚Terra accusat terram‘, das wird Jesus vielleicht in den Sand geschrieben haben, als ihm die Ehebrecherin zur Steinigung vorgestellt wurde oder er an Nietzsche dachte. ‚Die Erde klagt die Erde an.‘ Wer an den Rand des Kampfplatzes gegangen ist, braucht nicht mehr anzuklagen, denn die Feinde sind ihm ausgegangen. Er hat keine Angst mehr um sein Leben, er kämpft nicht mehr darum, er pflegt die Verwundeten. Er hat den Frieden.

The exit can be expressed easily, and powerfully it illuminates its peace, however difficult is to win this exit. That is, it cannot be won by human power. I experience the ability to leave the dark Darwinian battlefield as an incomprehensible gift, as a grace, as a bliss. What did Augustine hear in the moment of his exit? That was a passage from Paul, he reports on in the eighth book of his Confessions: ‚Live without orgies and drunkenness, not in sexual immorality and debauchery, without strife and jealousy. Put on the Lord Jesus Christ, and do not provide too much about your body, lest awaken the passions. I did not want to read further, it was not necessary. No sooner had I read the sentence, certainty as a light flew into my heart, and every shadow of doubt disappeared.‘

Der Ausstieg läßt sich leicht aussprechen, und mächtig leuchtet der Frieden ein, aber nur schwer ist er zu gewinnen. Das heißt, er ist aus menschlichen Kräften gar nicht zu gewinnen. Ich erfahre die Fähigkeit zum Verlassen des dunklen Darwinischen Kampfplatzes als unbegreifliches Geschenk, als Gnade, als Seligkeit. Was hörte Augustinus im Augenblick seines Ausstieges? Es war eine Stelle aus Paulus, er berichtet darüber im achten Teil seiner ‚Bekenntnisse‘: ‚Lebt ohne maßloses Essen und Trinken, ohne Unzucht und Ausschweifung, ohne Streit und Eifersucht. Legt den Herrn Jesus Christus an, und sorgt nicht zu sehr für euren Leib, damit die Begierden nicht erwachen. Weiter wollte ich nicht lesen, es war nicht nötig. Kaum hatte ich den Satz zu Ende gelesen, da strömte wie ein Licht die Gewißheit in mein Herz, und alle Schatten des Zweifels verschwanden.‘

I experience the renunciation from the struggle for existence, this stepping out of the competition, as death, as dying in my own body. Those who no longer fight in the Darwinian nature and culture, what different should be happen to these men? These humans make the other experience: When I first search the kingdom of God, and if I no longer worry about myself, then everything else I need to live, is given to me. **The world becomes a gift to me if I no longer have claims on it**. Or, if you are beaten on the left cheek by anyone, turn to him the right cheek, and if one wants to have your coat, then let him have your shirt. From this day on you are not longer worried about your life. The conversion experience leads you to a completely different life, a new existence that is not primarily concerned about yourself, but to care for others, the brother and sister. In nature, this is impossible to perform.

Ich erfahre den Verzicht auf den Kampf ums Dasein, dieses Heraustreten aus der Konkurrenz, als Tod, als Sterben am eigenen Leib. Wer nicht mehr mitkämpft in der Darwinischen Natur und Kultur, was sollte diesen Menschen anderes geschehen? Diese machen die andere Erfahrung: Wenn ich mich zuerst um das Reich Gottes sorge und nicht mehr um mich selbst, dann wird mir alles andere, was ich zum Leben brauche, dazu gegeben. **Die Welt wird mir zum Geschenk, wenn ich keine Forderungen mehr an sie habe.** Oder auch: Wenn dich einer auf die linke Wange schlägt, dann halt ihm die rechte hin, und wenn einer deinen Mantel haben will, dann laß ihm auch das Hemd. Du lebst vom heutigen Tag an nicht mehr in Sorge um dein Leben. Die Bekehrung führt zur Erfahrung eines ganz anderen Lebens, eines neuen Daseins, das nicht zuerst in Sorge um sich selbst steht, sondern in Sorge um den anderen, um den Bruder und die Schwester. In der Natur kann das nicht gelingen.

Now we understand a little better the dialectic of progress and regression. The secular or natural progress can celebrate only temporary success. Its content is a thousand-fold variety but always focused on one and the same goal, to survive. Whatever may have hailed as the quality of life, such as health or wealth or beauty, has only one goal, somewhat to postpone death. Wealth is adapted very well, in direct and indirect form. Money is the accumulation of funds held for free purposes. In a direct manner money allows to solve substantive problems in life, and the money allows, if sufficient amount is present, a quick solution.

Jetzt verstehen wir ein wenig besser die Dialektik von Fortschritt und Rückschritt. Der weltliche oder natürliche Fortschritt kann nur zeitweilige Erfolge feiern. Sein Inhalt ist bei tausendfacher Vielfalt doch immer auf ein einziges Ziel ausgerichtet, auf das Überleben. Was immer als Lebensqualität gepriesen sein mag, zum Beispiel die Gesundheit oder der Reichtum oder die Schönheit, hat nur das eine Ziel, den Tod etwas hinaus zu schieben. Reichtum ist dazu sehr gut geeignet, und zwar in direkter und in indirekter Form. Geld ist die Ansammlung von Mitteln für freigehaltene Zwecke. In direkter Weise erlaubt Geld, materielle Probleme im Leben zu lösen; und das Geld erlaubt, wenn genügend viel vorhanden ist, auch eine schnelle Lösung.

But the wealth has yet another effect against death. Prosperity allows a more sophisticated strategy, which is luxury. Rich people are usually spoiled people, they are elegant and love beautiful things. ‚People who wear fine clothing are found in the palaces of kings.' The beautiful appearance makes a difficult job, it creates the impression of lightness of being. In any case, it seems that the limit of life, this oppressive futility of all effort, which is apparently by death, not be existing in luxury. **The aesthetic life style makes the fight a little forgotten, of which life is born.** If all my things are easily available, then it seems to exist no more competition, at least not for me. So also the byproduct of the competition, the death, does no longer exist for me. Therefore, the father lets his son, Gautama, later Buddha, be educated in the palace and in the gardens of the palace so that he grows up away from the sight of all suffering.

Aber der Reichtum hat noch eine andere Wirkung gegen den Tod. Der Wohlstand erlaubt eine noch raffiniertere Strategie, das ist der Luxus. Reiche Leute sind meist verwöhnte Leute, sie sind vornehm und lieben die schönen Dinge. ‚Leute, die fein gekleidet sind, findet man in den Palästen der Könige.' Der schöne Schein leistet eine schwere Arbeit, er erzeugt den Eindruck der Leichtigkeit des Daseins, auf jeden Fall scheint die Grenze des Lebens, diese lastende Vergeblichkeit aller Mühen, die durch den Tod offenbar wird, im Luxus nicht zu existieren. **Der ästhetische Lebenstil läßt den Kampf ein wenig vergessen, aus dem das Leben geboren ist.** Wenn mir alle Dinge mit Leichtigkeit zur Verfügung stehen, dann scheint es keine Konkurrenz mehr zu geben, wenigstens nicht für mich. Also gibt es auch das Nebenprodukt der Konkurrenz, den Tod, für mich nicht mehr. Deshalb läßt der Vater seinen Sohn Gautama, den späteren Buddha, im Palast und in den Gärten des Palasts erziehen, damit er fern vom Anblick aller Leiden aufwächst.

But in the long run of course, wealth and distinction cannot be real solutions. No individual or collective progress can cope with the contradiction of life, if progress is sought to be the retention of identity. In fact, the converse is true, with which you find solid ground under your feet. And that means no retention of the identity. How can this theoretical knowledge form a life-practical attitude? This should be the topic of the next chapter.

Aber eine wirkliche Lösung ist Reichtum und Vornehmheit auf die Dauer natürlich nicht. Kein individueller oder kein kollektiver Fortschritt kann mit dem Widerspruch des Lebens fertig werden, wenn der Fortschritt im Festhalten der Identität gesucht wird. Umgekehrt erst wird ein Schuh daraus, mit dem man festen Boden unter den Füßen findet. Und das bedeutet: Kein Festhalten der Identität. Wie kann aus dieser theoretischen Erkenntnis eine lebenspraktische Haltung werden? Das soll das Thema des nächsten Kapitels sein.

1.3 First, a little preliminary remark! It may not seem up to date or recommended to talk about sacrifice and asceticism, and indeed with consent, as I do here. The outrage about the demands of life has always far more praise. But I personally tend to accept life how it is, not how I want it to be, except for minor improvements. That is the difficult lesson of belated approval. We were not asked if we wanted to enter into life.

Zunächst eine kleine Vorbemerkung! Es mag nicht zeitgemäß oder empfehlenswert scheinen, über Askese und Opfer zu sprechen, und zwar mit Zustimmung, wie ich es hier tue. Die Empörung über die Zumutungen des Lebens hat immer weit mehr Konjunktur. Ich persönlich neige aber dazu, dem Leben zuzustimmen, so wie es vorliegt, nicht wie ich es gerne hätte, kleine Verbesserungen ausgenommen. Das ist die schwierige Lektion der nachträglichen Zustimmung. Wir wurden nicht gefragt, ob wir in Leben treten wollten.

Thus, no feelings of outrage are satisfied here. This the cautious hint for the reader to the next chapters, even if my paper up to now did not seem very painful. It is yet to come. There is a doctor's saying in a humorous film: ‚Medicine must have a bitter taste, otherwise it is useless.' Medical research has sought to dispel the spell for the consumptive society. It has largely succeeded to make the medication palatable, but the demands of life it has not been able to abolish. With the replacement of icky liver oil by a sweet syrup, it is not done, and the problem of finite life is not resolved through the invention of Viagra. The doctor's existence alone is bothersome, even though he is working against the death. If he is careful and washes his hands thoroughly, bacteria do no longer spread from the doctor. **But the joyless message from the transitory nature of life, this the doctor always spreads.**

Deshalb werden hier keine Gefühle der Empörung befriedigt. Das als ein vorsichtiger Hinweis für den Leser auf die folgenden Kapitel, auch wenn sich mein Vortrag bisher noch nicht sehr schmerzvoll angehört hat. Es wird noch kommen. Es gibt einen Ärztespruch aus einem humorigen Film: ‚Medizin muß bitter schmecken, sonst nützt sie nichts.' Die Forschung hat sich bemüht, den Spruch für die konsumtive Gesellschaft zu entkräften. Weitgehend ist es ihr auch gelungen, die Medikamente schmackhaft zu machen, allerdings die Zumutungen des Lebens hat sie noch nicht abgeschafft. Mit der Ersetzung ekligen Lebertrans durch einen süßen Sirup ist es nicht getan, und das Problem des endlichen Lebens ist durch die Erfindung von Viagra auch nicht gelöst. Lästig ist der Arzt allein schon durch seine Existenz, so sehr er gegen den Tod arbeiten mag. Wenn er vorsichtig ist und sich die Hände gründlich wäscht, verbreitet der Arzt keine Bakterien mehr. **Aber die unfrohe Botschaft vom vergänglichen Leben, die verbreitet er immer.**

Or, another example occurs to me. Perhaps Otto Hahn, should he not have split the atom? His curiosity in December 1938 has cost us dearly, although it has been at first glance the promise of cheap and limitless energy. Up to this day it involves us again and again into new problems. And his discovery will stay with us as long as there are people on earth. The result of his research lust threatens humanity with serious danger, even with their extinction, either by nuclear weapons or through the contamination of the planet. But should he have stopped his research? Should he have suppressed it or at least not publish the result?

Oder, es fällt mir ein anderes Beispiel ein. Hätte vielleicht Otto Hahn das Atom nicht spalten sollen? Seine Neugierde im Dezember 1938 ist uns teuer zu stehen gekommen, obwohl sie zunächst billige und grenzenlose Energie in Aussicht gestellt hat. Bis heute immer wieder verwickelt sie uns in neue Probleme. Und seine Entdeckung wird uns bleiben, solange es Menschen gibt auf Erden. Die Folge seiner Forscherlust bedroht die Menschheit mit schweren Gefahren, ja mit ihrer Auslöschung, entweder durch Kernwaffen oder durch die Verstrahlung der Erde. Aber hätte er seine Forschung unterlassen sollen? Hätte er sie unterdrücken sollen und das Ergebnis nicht veröffentlichen dürfen?

Idle question! It is part of adult life, to live with painful and dangerous truths. His discovery of uranium fission remains true in any case. So I understand the discovery of the evangelical counsels. Who even wants to acknowledge them as the pillars of the Church, of society and human nature? The discovery may be painful, but how goes the saying that still has kept all its clout against sweeted pills? A pleasant medicine may taste good, it obscures simultaneously the situation of life.

Müßige Frage! Es gehört zum erwachsenen Leben, mit schmerzlichen und gefährlichen Wahrheiten umgehen zu können. Wahr bleibt seine Entdeckung der Uranspaltung auf alle Fälle. So verstehe ich auch die Entdeckung der Evangelischen Räte. Wer will sie schon als Stützpfeiler der Kirche anerkennen, ja der Gesellschaft und der menschlichen Natur? Die Entdeckung mag schmerzhaft sein, aber, wie lautet das Sprichwort noch, das gegen alle Versüßung der Pillen seine Schlagkraft behalten hat? Eine angenehme Medizin mag gut schmecken, sie verschleiert gleichzeitig die Lage des Lebens.

What are the Evangelical Counsels? The counsels are actually advices from the Gospel, they do not belong to the commandments, neither to the ten commandments of Moses nor to the unlimited command of Jesus to love. Commandments are obligatory for anyone who can use his mind because the bids have the same structure, the Golden Rule: What you do not want done to yourself do that not to others. So as you want to be loved by nature, then the commandment of charity follws from the Golden Rule, nevertheless ist does not happen by nature. All bids are easy to understand, difficult is only their execution, because my natural selfishness loves to impose them to others, but wishes to be liberated of them for myself. At the counsels the gravity is still increasing: I demand a sacrifice from myself that I do not demand from others. The counsels are to advise only on a few and have an ethical status that is difficult to determine. We will take care of this problem and thereby come up to the hard core of the counsels: The Necessary, which can not be mandatory, should be necessarily at present. The sense of this now obscure language will be brightened in the sequel.

Was sind die Evangelischen Räte? Dem Rang nach sind die Räte tatsächlich Ratschläge aus dem Evangelium, sie gehören nicht zu den Geboten, weder zu den zehn mosaischen Geboten noch zum unbegrenzten Gebot Jesu der Liebe. Gebote sind verpflichtend für jeden, der seinen Verstand betätigen kann, weil die Gebote alle die gleiche Struktur haben: Was du nicht willst, das man dir tu, das füg' auch keinem anderen zu. Da du von Natur aus geliebt werden willst, folgt aus der Goldenen Regel das Gebot der Nächstenliebe, was allerdings nicht von Natur aus geschieht. Alle Gebote sind leicht zu verstehen, schwer ist nur ihre Ausführung, da der natürliche Egoismus sie anderen zwar gerne aufredet, sich selbst davon aber befreit wissen will. Bei den Räten ist die Schwere noch gesteigert: Ich verlange ein Opfer von mir selbst, das ich von anderen nicht verlange. Die Räte sind eben Ratschläge für wenige und haben einen schwierig zu bestimmenden ethischen Status. Wir werden uns um die Schwierigkeit kümmern und dabei auf den harten Kern der Räte stoßen: Das Notwendige, das nicht verpflichtend sein kann, soll notwendig gegenwärtig sein. Der Sinn dieser jetzt noch dunklen Rede wird sich in der Folge aufhellen.

In substance they are called poverty, chastity, obedience. This includes the voluntary renunciation of marriage of priests in the Church which is only a valid form of life together with the other two counsels. Actually, this 2000 years old tradition of the Church is only understandable against the background of evolutionary theory, although we know of the evolution of life not until two hundred years. The Evangelical Counsels deny the natural selfishness of the instincts, they return the controversial so-called interests of Darwinian evolution into the opposite: Money changes to poverty, sexuality to celibacy, obedience to authority. The counsels intervene severely into the instinctual structure of man. And this ancient instinct, this is called the will to survive.

Dem Inhalt nach heißen sie Armut, Ehelosigkeit, Gehorsam. Dazu gehört auch der freiwillige Eheverzicht des Priesters in der Kirche, was aber nur zusammen mit den beiden anderen Räten eine lebensgültige Gestalt ergibt. Eigentlich ist diese 2000 Jahre alte Tradition der Kirche erst auf dem Hintergrund der Evolutionslehre zu verstehen, obwohl wir von der Evolution des Lebens erst seit 200 Jahren wissen. Die Evangelischen Räte verneinen den natürlichen Egoismus der Triebe, sie kehren die sogenannten Brisanten Interessen der Darwinischen Evolution ins Gegenteil um: Geld wird zur Armut, Geschlechtlichkeit zur Ehelosigkeit, Macht zum Gehorsam. Diese Räte greifen also tief in die Triebstruktur des

Menschen ein. Und dieser uralte Trieb heißt der Wille zum Überleben.

But if this will which has subjected nature with scientific and technical skill on a grand scale, is contradictory and tragic, what then? What will happen then? Perhaps you will find in this case, the taboo in modern times to preaching renunciation and sacrifice has no longer to be so far-fetched and even interdicted as usually. As painful as it may be! We will stumble on our way upon some mines, but we will rise again. No one who reads these lines, is not involved into the contradiction of his instincts. The reader can thus, provided some good will, understand what I say. We are grandchildren of victors in the struggle for existence, and we have inherited the instincts to survive, but we will not survive. What is then to do? Or what it is first to think and then to do?

Aber wenn dieser Wille, der sich mit Wissenschaft und Technik die Natur in großem Stile unterworfen hat, als widersprüchlich, als tragisch erweist, was dann? Was soll dann geschehen? Vielleicht wird man dann die in der Neuzeit verpönte Predigt zu Verzicht und Opfer nicht mehr ganz so abwegig finden und auch selbst nicht mehr ganz so verpönen. So schmerzlich sie auch sein mag! Wir werden auf unserem Weg über manche Grube stolpern, aber wir werden uns wieder aufraffen. Niemand, der diese Zeilen liest, ist nicht in den Widerspruch seiner Triebe verwickelt. Der Leser kann also, etwas guten Willen vorausgesetzt, verstehen, was ich sage. Wir sind Enkel von Siegern im Kampf ums Dasein, und wir haben die Triebe zum Überleben geerbt, aber wir werden nicht überleben. Was gilt es da zu tun? Oder, was gilt es da zu denken und dann zu tun?

I'm a theologian with deep interest in sciences. Both sides will take effect on our subject, as indeed the very title of the book claims. It's just all about the wedding of God and nature. Neither God and nature are one and the same, nor are they two, but in a lively way they are both one and two. First, I commend the advantage of the difference between theology and the Magistery. It is not my task to put my knowledge into practice. For this purpose, the Providence has commisioned other people in the church. The difference is the secret advantage of an ecclesiastically minded theologian. The theology of revelation is required in the particular time, a timeless truth is not attainable for humans.

Ich bin ein Theologe mit einem großen Interesse für die Naturwissenschaften. Beide Seiten werden Einfluß nehmen auf unser Thema, wie ja schon der Titel des Buches besagt. Es geht eben immer um die Hochzeit von Gott und Natur. Weder sind Gott und Natur eines, noch sind sie zwei, sondern auf lebendige Weise sind sie Eins und Zwei zugleich. Zunächst lobe ich den Vorteil des Unterschiedes von Theologie und Lehramt. Ich brauche meine Erkenntnis nicht in die Praxis umzusetzen. Für diesen Zweck hat die Vorsehung andere Personen in der Kirche berufen. Der Unterschied gehört zum heimlichen Vorteil des kirchlichen Theologen. Die Theologie ist der Offenbarung verpflichtet in der jeweiligen Zeit, eine zeitenthobene Wahrheit ist für den Menschen nicht erreichbar.

Nevertheless it must not repeat the prejudices of the time. Aggiornamento means connecting in parallel and – not to forget – in contradiction. Aggiornamento means to speak a content in the language of the time that the time does not like to hear. Otherwise the Church would only repeat the unsolvable riddles of the world, that is of the Darwinian nature. The Magistery has to announce, whether for an always and everywhere believed truth of the church has now come the time to put it forward and to give it a doctrinal form. By the public formulation the church will find in a new way to herself.

Dennoch darf sie nicht die Vorurteile der Zeit wiederholen. Aggiornamento bedeutet Anknüpfung in Parallele und, nicht zu vergessen, Anknüpfung im Widerspruch. Aggiornamento heißt einen Inhalt in der Sprache der Zeit zu sprechen, den die Zeit nicht hören will. Ansonsten würde die Kirche nur die unlösbaren Rätsel der Welt, das heißt der Darwinischen Natur wiederholen. Das Lehramt hat zu verkündigen, ob es für eine immer und überall geglaubte Wahrheit der Kirche jetzt an der Zeit ist, hervorzutreten und lehrhafte Gestalt anzunehmen. Durch die öffentliche Formulierung findet die Kirche dann auf eine neue Weise zu sich selbst.

One word about the choice of number and truth! The church could be brought to a choice to which she is actually always brought: Shall she put more emphasis on the truth, or more emphasis on the interests of society? It is the situation of the apostle Paul at the Areopagus. As he told the Athenians of the resurrection of the dead, they were outraged and scattered. ,About that we want to hear you another time.' If Paul would have been more careful with his unpleasant truth, he probably would have won a few more followers. He abandoned the caution.

Noch ein Wort zur Wahl zwischen Zahl und Wahrheit! Es könnte die Kirche vor die Wahl gestellt werden, vor der sie eigentlich immer gestellt ist. Soll sie mehr Wert legen auf die Wahrheit, oder mehr Wert auf die Interessen der Gesellschaft? Es ist die Situation des Apostels Paulus auf dem Areopag. Als er den Athenern von der Auferstehung der Toten berichtete, waren sie empört und stoben auseinander: ,Darüber wollen wir dich ein anderes Mal hören.' Wenn Paulus mit seiner unangenehmen Wahrheit vorsichtiger gewesen wäre, hätte er vielleicht ein paar mehr Anhänger gewonnen. Er verzichtete auf die Vorsicht.

Of course we cannot decide here in simply following the scheme of black and white. For the opinion of the people in the society is deeply divided. Whoever finds a majority today may have already lost it tomorrow. Moreover, the true interest of society at unpleasant truths can just stand in contrast to the public opinion. Or, as it has formulated a bishop in these days: The Church can not rely on quantity in the near future, she must distinguish herself through quality. Sometimes the Church is the visible city on the hill, sometimes she is the hidden leaven, sometimes in this way she is in her truth, sometimes on the opposite way.

Natürlich ist hier nicht einfach nach dem Schema von Schwarz oder Weiß zu entscheiden. Denn die Meinung der Leute in der Gesellschaft ist tief gespalten. Wer heute eine Mehrheit findet, kann sie morgen schon verloren haben. Zudem kann das wahre Interesse der Gesellschaft bei unangenehmen Wahrheiten gerade im Gegensatz zur öffentlichen Meinung stehen. Oder, wie es ein Bischof formuliert hat: Die Kirche kann sich in der nächsten Zeit nicht auf Quantität stützen, sie muß sich durch Qualität hervortun. Mal ist die Kirche die sichtbare Stadt auf dem Berge, mal ist sie der unsichtbare Sauerteig, mal auf diese Weise ist sie in ihrer Wahrheit, mal auf die gegenteilige Weise.

The noisy criticism of the church in recent years and decades, the journalistic popular speech of problem traffic jam that is left behind by the Magistery, has failed to produce a change of doctrine and practice in the church, but it has, at least in Europe, where the speech is heard, emptied the churches and seminars. But I am confident that this shrinkage is part of the truth of the Church: Beware when you are praised by the people! The church, if she wants to be the congregation of the Lord, can not live according to the progress in nature, because there you find only an illusion. Our church does not exist, there is only the Church of the Lord. She must live the progress of Jesus, which means no growth in the life of this world. The shrinking of the Church distinguishes the good from the bad religion more and more.

Die lautstarke Kritik an der Kirche der letzten Jahre und Jahrzehnte, die publizistisch beliebte Rede vom Problemstau, den ein betoniertes Lehramt immer weiter ansteigen läßt, hat zwar nicht zu einer Änderung von Lehre und Praxis der Kirche geführt, aber sie hat, wenigstens in Europa, wo die Rede erschallt, die Kirchen und Seminare entleert. Doch ich bin zuversichtlich, diese Schrumpfung gehört zur Wahrheit der Kirche: Wehe, wenn euch die Leute loben! Die Kirche, wenn sie denn die Versammlung des Herrn sein will, kann nicht nach dem Fortschritt in der Natur leben, denn den gibt es nur als Schein. Unsere Kirche gibt es nicht, es gibt nur die Kirche des Herrn. Leben muß sie den Forschritt Jesu, und der bedeutet keinen Zuwachs an Leben in dieser Welt. Im Schrumpfen der Kirche unterscheidet sich die gute von der schlechten Religion mehr und mehr.

But perhaps it is also true: ‚If I had said the opposite, it would be equally correct.‘ This criticism may have a positive effect even if it is negative and if it is not meant in favor of the church, even more if it desires and operates the demise of the Church urgently. It is instructive here to see, how the born Lutheran Friedrich Nietzsche cursed his man of God. Luther, so he shouts, saw the corruption of papacy, and fought against it. But Alexander VI. or Leo X, they were not the corruption, they were the life itself, in the opinion of Nietzsche: The full life was sitting on the Peter‘s chair. ‚The big *Yes* to all the high, beautiful, daring things! . . . And Luther came and restored the church.'

Aber vielleicht gilt auch: ‚Wenn ich das Gegenteil gesagt hätte, wäre es ebenso richtig.' Diese Kritik kann selbst dann positiv wirken, wenn sie negativ und gar nicht kirchlich gemeint ist, wenn sie gar den Untergang der Kirche eindringlich wünscht und betreibt. Aufschlußreich ist hier, wie der geborene Lutheraner Friedrich Nietzsche seinen Gottesmann verflucht hat. Luther, so ruft er aus, sah die Verderbnis des Papsttums und kämpfte gegen sie an. Aber Alexander VI. oder Leo X., sie waren nicht die Verderbnis, sie waren das Leben selbst in der Meinung Nietzsches: Das pralle Leben saß da auf dem Stuhle Petri. ‚Das große Ja zu allen hohen, schönen, verwegenen Dingen! . . . Und Luther stellte die Kirche wieder her.'

In fact, there has been no more extravagant Roman Pontiff since Luther, no more anti-pope, no pope was leading a war. The church can no longer afford it. Luther has cleaned the church and strengthened her. Although Luther does not just loved the Roman Pontiff, he has just put the Pope of Rome back firmly in the saddle. And with the Council of Trent, also a distant product of Luther, he has given the Church a new awareness of her mission. Strange breathing of the Holy Spirit in the world! Israel's enemies, He uses them as their tutor, and the enemies of the Church as her savior.

Tatsächlich hat es seit Luther keinen ausschweifenden römischen Bischof mehr gegeben, keinen Gegenpapst und keinen Krieg führenden Papst. Die Kirche kann sich keinen mehr leisten. Luther hat die Kirche gereinigt und gefestigt. Obwohl Luther den römischen Papst nicht liebte, hat er gerade Rom wieder fest in den Sattel gesetzt. Und mit dem Konzil von Trient, auch ein fernes Produkt Luthers, hat er der Kirche ein neues Bewußtsein ihrer Sendung geschenkt. Merkwürdiges Wehen des Geistes Gottes in der Welt! Die Feinde Israels setzt er als seine Erzieher ein, die Feinde der Kirche als ihre Retter.

Or the major teaching decisions, the doctrine of the Holy Trinity and the Incarnation of Christ, the Eucharist and of Mary, all these were presents at the church by her enemies. Although it has lasted sometimes decades, sometimes centuries, but then the church has said yes to her own pain and with a simple reversal of the sign recognized her own heartbeat in the false teachings. What are the screwy ancestors of the church? The Church owes Arius the Trinity and Christology, Pelagius the doctrine of grace, Berengar of Tours the transubstantiation and the liberalism of the 19th and 20th century the Marian teachings. And even the doctrine of infallibility of the Pope in 1870! It has many fathers in reverse, certainly Ignaz von Döllinger belongs to them, who has become about this gift the church's eminent opponent.

Oder die großen Lehrentscheidungen, die Lehre zur Dreifaltigkeit und zur Menschwerdung Christi, zur Eucharistie und zu Maria, all das war ein Geschenk der Gegner an die Kirche. Es hat zwar manchmal Jahrzehnte, manchmal Jahrhunderte gebraucht, doch dann hat die Kirche Ja gesagt zu ihren Schmerzen und mit einfacher Umkehr des Vorzeichens ihren eigenen Herzschlag in den falschen Lehren erkannt. Wie heißen die verqueren Urväter der Kirche? Dem Arius verdankt die Kirche die Trinität und die Christologie, dem Pelagius die Gnadenlehre, dem Berengar von Tours die Transsubstantiation und die marianischen Lehren dem Liberalismus des 19. und 20. Jahrhunderts. Und gar die Lehre von der Unfehlbarkeit des Papstes. Die Infallibilität von 1870 hat viele umgekehrte Väter, zu ihnen gehört sicherlich Ignaz von Döllinger, der über dieses Geschenk an die Kirche zu ihrem Gegner geworden ist.

This doctrine of 1870 raises a further question. What is the best time for a new-old theory? When should it come to light? Is the day now come for the church to emphasize newly the painful-beautiful new evangelical counsels? When John Henry Newman was questioned about the infallibility of the pope, he answered: He considered the doctrine to be correct. But not necessarily correct he considered the time at which the Vatican Council has made this truth generally known. That is what the theologian must not judge. His life is made easy if he stands in the midst of the church. He must not seek to achieve his findings, even if he has won them hard with his own sweat. He is not obliged to save the world, not even the church. This task he can leave to others.

Diese Lehre von 1870 wirft eine weitere Frage auf. Was ist der günstige Zeitpunkt für eine neu-alte Lehre? Wann soll sie an den Tag treten? Ist der Tag jetzt gekommen, um in der

Kirche die schmerzlichen-schönen Evangelischen Räte neu zu betonen? Als John Henry Newman zur Unfehlbarkeit des Papstes befragt wurde, hat er geantwortet: Er halte die Lehre für richtig. Aber für nicht unbedingt richtig halte er den Zeitpunkt, an dem das vatikanische Konzil diese Wahrheit bekannt gemacht hat. Eben das muß der Theologe auch nicht beurteilen. Es ist ihm das Leben leicht gemacht, wenn er inmitten der Kirche steht. Er muß sich nicht um die Verwirklichung seiner Erkenntnisse bemühen, selbst wenn er sie schwer und mit seinem eigenen Schweiß errungen hat. Er ist nicht verpflichtet, die Welt zu retten, nicht einmal die Kirche. Diese Aufgabe kann er anderen überlassen.

For the question of when something is appropriate, I have always a word im my mind from a politician at the time of Vatican I. ‚An arbitrary, by subjective reasons guided intervention in the development of history, has been followed always by the fall of unripe fruits.‘ I believe in the truth of what I‘m going to write here, but to assess whether the fruit is ripe to be grasped that I leave to others. One can also say: The sentence I lay in God's hands.

Für die Frage, wann etwas angemessen ist, habe ich immer ein Wort eines Politikers aus der Zeit des Vaticanum I im Ohr. ‚Ein willkürliches, nur nach subjektiven Gründen bestimmtes Eingreifen in die Entwicklung der Geschichte hat immer nur das Abschlagen unreifer Früchte zur Folge gehabt.‘ Ich glaube zwar an die Wahrheit dessen, was ich hier schreibe, aber ob die Früchte reif sind, das zu beurteilen überlasse ich anderen. Man kann auch sagen: Das Urteil lege ich in Gottes Hand.

2. Economy and Ecology

Proposition 2: The consumptive societies are compelled from the outside to eco-dictatorship, if they do not develop from within a culture of renunciation.

These 2: Die konsumtiven Gesellschaften werden von außen zur Ökodiktatur gezwungen, wenn sie nicht von innen eine Kultur des Verzichtes entwickeln.

2.1 ‚To our consumptive culture, it was reserved to forget this experience.‘ How could the experience of renunciation, sacrifice, asceticism be forgotten? I suppose, because the finiteness was forgotten or, better to say should be forgotten. The message of the modern era ran over several centuries: Infinity! Development and growth without end!

‚Unserer konsumtiven Gesellschaft blieb es vorbehalten, diese Erfahrung zu vergessen.‘ Wie konnte die Erfahrung des Verzichtes, des Opfers, der Askese vergessen werden? Ich nehme an, weil die Endlichkeit vergessen war oder, besser gesagt, vergessen werden sollte. Die Botschaft der Neuzeit lautete über einige Jahrhunderte hin: Unendlichkeit! Entwicklung und Wachstum ohne Ende!

And now? Perhaps the message has still not reached the last village, but in the headquarters of knowledge they know: The earth is round and has a non-growing surface, and even the universe, the very, very large universe, is also finite. The sciences of the 20th century have begun to doubt the infinity of nature, in the same moment as the belief of the audience in this infinity, has reached its highest level.

Und jetzt? Vielleicht ist die Kunde noch nicht bis in das letzte Dorf gelangt, aber in den Zentralen des Wissens weiß man von ihr: Die Erde ist rund und hat eine nicht wachsende Oberfläche, und selbst das Weltall, das sehr große, ist ebenfalls endlich. Die Wissenschaft des 20. Jahrhunderts hat an der Unendlichkeit der Natur zu zweifeln begonnen, im gleichen Augenblick, als der Glaube des Publikums an diese Unendlichkeit seinen höchsten Stand erreicht hatte.

In the wake of this knowledge we will have a sobering effect. The colonization of underdeveloped nations in Africa and Asia or the westward driven colonization of almost uninhabited areas in America in modern times had made almost forgotten the finiteness. Whom in old Europe space was too tight, who needed more room to unfold himself, just drove over the sea and had found the dimensions that he was looking for. There in the brave new world he could enjoy the freedom, which he had missed in the ancient world. Even the European countries in the 19th century drove over the sea and put a few colonies in their bag, as the place in Europe had become too tight for real emperors. This beautiful opportunity for individual and collective expansion of the ego had not existed before the modern era, still it does not exist in the post-modern era now. Everything is now back to finiteness, although it is very much larger than centuries ago: the earth, the cosmos, the sun, the oil, they all have a vast extent of which our ancestors knew nothing, but they are not infinite. Even the speed of light, even nature itself has become finite, because it has taken its beginning almost 14 billion years ago.

Die Erkenntnis wird eine ernüchternde Wirkung im Gefolge haben. Die Kolonisierung wenig entwickelter Völker in Afrika und Asien oder die nach Westen getriebene Kolonisation in Amerika von fast unbewohnten Gebieten hatte in der Neuzeit die Endlichkeit fast vergessen lassen. Wem im alten Europa der Platz zu eng geworden war, wer mehr Raum brauchte, um sich zu entfalten, der war einfach über das Meer gefahren und hatte die Weite gefunden, die er suchte. Da konnte er in der schönen neuen Welt die Freiheit genießen, die er in der alten Welt vermißt hatte. Auch die europäischen Staaten fuhren im 19. Jahrhundert über das Meer und nahmen ein paar Kolonien an sich, als ihnen in Europa der Platz zu eng geworden war. Diese schöne Gelegenheit zur individuellen und kollektiven Erweiterung des Ich hatte es vor der Neuzeit nicht gegeben, noch besitzt jetzt die Nach-Neuzeit diese Möglichkeit. Jetzt ist wieder alles endlich geworden, wenn auch sehr viel größer als vor Jahrhunderten: die Erdoberfläche, der Kosmos, die Sonne, das Erdöl, sie alle haben eine ungeheure Ausdehnung, von denen unsere Ahnen nichts wußten, aber sie sind nicht unendlich. Selbst die Lichtgeschwindigkeit, ja die Natur selbst ist endlich geworden, da sie vor fast 14 Milliarden ihren Anfang genommen hat.

We can take stock: The Modern World was the age that had believed in the infinity, more precisely, that had believed in the imminent possession of infinity. The high-spirited era meant to replace the infinity of God through the infinite conquest of nature, because it considered nature to be infinite, both in room and in time. Nietzsche as the real Christopher Columbus crossed the new Atlantic: ‚Everything's shiny and new news to me, noon is sleeping in time and space. Tremendously only your eye, looks at me, it's infinity.'

Wir können Bilanz ziehen: Die Neuzeit war das Zeitalter gewesen, das an die Unendlichkeit geglaubt hatte, genauer gesprochen, das an den baldigen Besitz der Unendlichkeit geglaubt hatte. Die kühne Epoche meinte die Unbegrenztheit Gottes ersetzen zu können durch die unbegrenzte Eroberung der Natur, weil sie die Natur für unendlich hielt, sowohl dem Raum wie der Zeit nach. Nietzsche befuhr als der wahre Kolumbus in Gedanken den neuen Atlantik: ‚Alles glänzt mir neu und neuer, Mittag schläft auf Raum und Zeit –: Nur *dein* Auge ungeheuer, Blickt mich's an, Unendlichkeit!'

This navigation into space has become quiet, only the phantom pain of amputated hope is remaining with us. The universe in the 20th century shrunk at all levels. In physics and cosmology, evolution and brain research: All phenomena in nature, and nature itself has become finite, just because not all reality is purely natural. The worst offense had to take the science itself. It was hoping on an identity, on a principle of knowledge, to a full causal explanation of all her exploration in nature. What science found at the end, were chance and necessity, a last not surpassable mixture of ignorance and knowledge. Not beyond this framework, but within this limits there are moving forward science, history, nature, indeed all life.

Um diese Schiffahrt hinaus ins Weltall ist es still geworden, nur die Phantomschmerzen der amputierten Hoffnung sind uns geblieben. Das Universum ist im 20. Jahrhundert auf allen Ebenen geschrumpft. In der Physik und in der Kosmologie, in der Evolution und in der Hirnforschung: Alle Erscheinungen in der Natur, und die Natur selbst sind endlich geworden, eben weil nicht alle Wirklichkeit bloße Natur ist. Die schwerste Kränkung mußte die Naturwissenschaft hinnehmen: Sie hatte auf ein Identitäts-, auf ein Wissensprinzip gehofft, auf eine volle kausale Erklärung aller von ihr untersuchten Erscheinungen. Was sie zum Schluß antraf, waren Zufall und Notwendigkeit, eine letzte, nicht übertreffbare Mischung von Nichtwissen und Wissen. Nicht über diesen Rahmen hinaus, vielmehr innerhalb dieses Rahmens bewegen sich die Wissenschaften, die Geschichte, die Natur, ja alles Leben.

Conversely, the modern age had lived in the belief of the identity of nature and reality, from the famous Spinoza's ‚Deus sive Natura', to a less famous Munich physicist, who had made the formula his life motto: ‚All reality is nature.' We just have to wheel this formula once in order to collect the accumulated result of scientific effort in a new basic formula: ‚Not all reality is nature.' If nature is explored by science, then it stops at the pair of chance and necessity that conducts all motion in nature or, we must better say, even does not conduct it. Because only necessity is providing a knowledge of the movement, however the limits of this knowledge are fundamental randomness. ‚Yes! Physics has given up. We could not know how to predict what would happen under given circumstances. ... This is a limitation of our earlier ideal of understanding nature. It may be a step back, but nobody has seen a way to avoid it.' For this result, science has worked several centuries, but I think the effort was worth at all. Above all, **theology is looking forward to a big boom with this basic formula.**

Umgekehrt hatte die Neuzeit im Glauben an eine Gleichsetzung von Natur und Wirklichkeit gelebt, vom berühmten Spinoza mit seinem ‚Deus sive Natura' bis zu einem weniger berühmten Münchener Physiker, der die Formel zu seinem Lebensmotto gemacht hatte: ‚Alle Wirklichkeit ist Natur.' Wir dürfen diese Formel nur umderhen, um das gesammelte Ergebnis der wissenschaftlichen Anstrengung in einer neuen Grundformel vor Augen zu haben: ‚Nicht alle Wirklichkeit ist Natur.' Wenn die Natur von der Naturwissenschaft erforscht wird, dann stößt sie am Ende auf das Paar von Zufall und Notwendigkeit, das alle Bewegung in der Natur leitet oder, man muß sagen, zugleich nicht leitet. Denn nur die

Notwendigkeit liefert Wissen von der Bewegung, der Zufall schränkt dieses Wissen grundsätzlich ein. ‚Ja! Die Physik hat aufgegeben. Wir wissen nicht, wie man vorhersagen könnte, was unter vorgegebenen Umständen passieren würde. ... Dies ist eine Einschränkung unseres früheren Ideals, die Natur zu verstehen. Es mag ein Schritt zurück sein, doch hat niemand eine Möglichkeit gesehen, ihn zu vermeiden.' Für dieses Ergebnis hat die Wissenschaft einige Jahrhunderte gebraucht, doch ich meine, die Anstrengung hat sich gelohnt. Vor allem die Theologie kann von der Grundformel einen großen Aufschwung erwarten.

Even in practical terms, the finiteness has now completely seized humanity. The technology has always been the sister of science. It was also a sister of Pandora, Hesiod in antiquity called it the beautiful evil. It has been the overwhelming gift of science and technology on our planet. But in its wake, the energy supplies that were stored over hundreds of millions of years in the earth, will be eaten in few decades. At the same time increases the completely different risk to transform the surface of the earth into a total dump. The strongest argument of the environmentalists is that if the whole humanity would now have the consumption of energy that the Western consumptive societies cultivate, then the earth would be long gone to its knees.

Auch in praktischer Hinsicht hat jetzt die Endlichkeit den Menschen ganz in Beschlag genommen. Die Technik ist immer schon die Schwester der Wissenschaft gewesen. Sie war zugleich eine Schwester der Pandora, Hesiod im Altertum nannte sie das schöne Übel. Sie hat das überwältigende Geschenk von Wissenschaft und Technik auf die Erde gebracht. Doch in ihrem Gefolge werden die Energievorräte, die über Hunderte von Millionen Jahren in der Erde eingelagert wurden, in wenigen Jahrzehnten aufgezehrt sein. Zugleich steigt die ganz andere Gefahr auf, die Oberfläche der Erde in einen Müllplatz zu verwandeln. Das stärkste Argument der Umweltschützer lautet: Wenn heute die ganze Menschheit den Verbrauch an Energie hätte, den die westlichen konsumtiven Gesellschaften jetzt pflegen, dann wäre die Erde schon lange in die Knie gegangen.

The lasting growth of wealth for a hundred or two hundred years has raised the idea of a further growth for all time. And what's the worst, the idea had not only hogged the feeling, but also hogged the mind. The continual growth is substantially over, but ideally the everlasting growth has become the normal sense of Western humanity. But what happens if growth falters, or even comes to a halt? To govern a society whose wealth is increasing, makes no effort; to dissuade the society in believing in the continual growth is difficult; but even impossible is to govern it, when it comes to shrink. Then the hour of dictatorship may begin newly.

Das seit hundert oder zweihundert Jahren anhaltende Wachstum des Wohlstandes hat die Idee eines ewigen Weiterwachsens für alle Zeiten nahe gelegt. Und, was das Schlimme ist, die Idee hatte nicht nur das Gefühl in Beschlag genommen, sondern auch den Verstand. Das ständige Wachstum ist der Sache nach vorbei, aber der Idee nach ist das Wachstum zum Normalgefühl des westlichen Menschen geworden. Was aber passiert, wenn das Wachstum ins Stocken gerät oder gar zum Erliegen kommt? Eine Gesellschaft zu regieren, deren Reichtum im Steigen begriffen ist, macht keine Mühe, diese Gesellschaft aber vom Glauben an das weitere Wachstum abzubringen, ist sehr schwer; gar unmöglich wird das Regieren, wenn es zum Schrumpfen kommt. Dann mag die Stunde der Diktatur wieder geschlagen haben.

This moment of stagnation and reversed growth will come. Or has it already come up? For the politicians, the situation will be difficult because they have to impose to their voters some and by and by in time still more restrictions in lifestyle. The voters also accept this, for example they like to choose environmental parties. But in limiting the use of resources they mean more to limit the neighbors use than their owns. ‚The necessary must happen, but not necessarily with me.‘ Thus, the majority of citizens holds for proper keeping of animals, but they mostly buy their meat, their milk and their eggs rather at the discounter. As with the governed, so with the government! Saving and environmental sustainability are popular topics, they preach of them with pleasure but rather to other than to themselves and to their own petrol consumption. Those who preach water and drink wine, start the eco-dictatorship.

Dieser Augenblick der Stagnation und des umgekehrten Wachstums wird kommen. Oder ist er schon gekommen? Für die Politiker wird die Situation schwierig werden, denn sie müssen ihren Wählern einige und mit der Zeit noch mehr Einschränkungen im Lebensstil auferlegen. Das sehen die Wähler auch ein, sie wählen gerne Umweltparteien. Sie meinen aber bei der Einschränkung im Gebrauch der Ressourcen mehr den Nachbarn als sich selbst beschränken zu sollen. ‚Das Notwendige soll geschehen, aber nicht notwendig bei mir.‘ So ist die Mehrzahl der Bürger für artgerechte Tierhaltung, dennoch kaufen diese in der Mehrzahl das Fleisch, die Milch und die Eier doch lieber beim Discounter. Wie bei den Regierten so bei den Regierenden! Das Sparen und die ökologische Nachhaltigkeit sind beliebt, ein Thema, das sie aber lieber anderen predigen, als sich beim Benzinverbrauch an die eigene Brust zu klopfen. Wer Wasser predigt und Wein trinkt, der beginnt die Ökodiktatur.

An exact definition is not easily found, because life is colorful and diverse and a definition is always simple-minded. The term draws a sharp line between black and white. There is a certain dictatorship in any society, because the coexistence always carries its limitations. So I think the speed limit in residential areas would be useful. But when my car is flashed, well, then I'm no longer convinced of the ban. There is a sunday and holiday regulation, which restricts my activities. Even more at school. If I have children, I have to adjust my holidays to the times that presents the school board to me.

Eine genaue Definition ist nicht so leicht zu geben, denn das Leben ist bunt und vielfältig und eine Definition immer einfältig. Der Begriff unterscheidet scharf zwischen Schwarz und Weiß. Eine gewisse Diktatur gibt es in jeder Gesellschaft, weil das Zusammenleben immer Einschränkungen mit sich bringt. So halte ich die Begrenzung der Geschwindigkeiten in Wohngebieten für sinnvoll. Doch wenn mein Auto geblitzt wird, nun ja, dann bin ich nicht mehr so sehr für das Verbot. Es gibt eine Sonntags- und Feiertagsregelung, was meine Aktivitäten einschränkt. Noch mehr bei der Schule. Ich muß meine Ferien, wenn ich

Kinder habe, an die Zeiten angleichen, die mir die Schulbehörde vorgibt.

All this I can endure, because I realize the reason for this action, at least in calm deliberation. But in a real dictatorship only a minority or even a single dictator believes to have the rational view and is allowed to impose his actions to all others. Whether to create a classless society, whether to lead a master race to victory, or whether to save the nature.

All dieses kann ich ertragen, weil ich die Vernunft der Maßnahme einsehe, wenigstens bei ruhiger Überlegung. Bei einer eigentlichen Diktatur aber glaubt nur eine Minderheit oder gar nur ein einziger Diktator das Vernünftige einzusehen und seine Maßnahmen allen anderen auferlegen zu dürfen. Sei es um eine klassenlose Gesellschaft zu schaffen, sei es um ein Herrenvolk zum Sieg zu führen, oder sei es um die Natur zu retten.

Here now, there is the definition of dictatorship: For the sake of a single goal, all other goals are downgraded or eliminated. And now the eco-dictatorship will achieve this one goal: Securing the survival of man in nature!

Hier bietet sich jetzt die Definition der Diktatur an: Um eines einzigen Zieles willen werden alle anderen Ziele herunter gestuft oder ausgelöscht. Und die Ökodiktatur will jetzt dieses eine Ziel erreichen: Das Überleben des Menschen in der Natur sichern!

Not to be misunderstood: I am very much in favor of the survival of the human race after my own death. It is bad and irresponsible to say: After me, the deluge. But survival may not be the first and only goal of life. Every dictatorship is an attempt of giving meaning to the individual through the collective life, by the state or even by the dictator. Eco-dictatorship would be worse Darwinism. **Because the engine of life is indeed the will to survive, but the meaning of life can not lie in survival.** At least two considerations speak against it:

Um nicht mißverstanden zu werden: Ich bin sehr für das Überleben des Menschengeschlechts über meinen eigenen Tod hinaus. Es ist böse und verantwortungslos zu sagen: Nach mir die Sintflut. Aber das Überleben darf nicht das erste und das einzige Ziel des Lebens sein. Jede Diktatur ist der Versuch einer Sinngebung des Individuums durch das

Kollektiv, durch den Staat oder eben durch den Diktator. Ökodiktatur wäre schlechter Darwinismus. **Denn der Motor des Lebens, das ist zwar der Wille zum Überleben, aber der Sinn des Lebens kann nicht im Überleben liegen.** Wenigstens zwei Überlegungen sprechen dagegen:

a) There will never be survival in nature, neither individually nor collectively, therefore it is not allowed to output such a target as a main goal, neither individually nor collectively. The verdict of the dictators is not allowed: ‚The Class, the race, the mass is everything! You're nothing!'

a) Es gibt kein Überleben in der Natur, weder individuell noch kollektiv, deshalb darf ein solches Ziel nicht als Hauptziel ausgegeben werden, weder individuell noch kollektiv. Der Spruch der Diktatoren darf nicht gelten: ‚Die Klasse, die Rasse, die Masse ist alles! Du bist nichts!'

b) Since the survival may well be a goal, namely for some time or for a longer time, it must be placed in the freedom of individuals, who burdens himself the self-imposed restriction, according to the known sentence: ‚Society lives of prerequisites, that it can not provide itself.' These conditions are inside the individual, to which reaches no public violence, which is personal freedom.

b) Da das Überleben sehr wohl ein Ziel sein kann, nämlich für einige Zeit oder für eine längere Zeit, muß es in die Freiheit des Einzelnen gestellt werden, der sich selbst die Last der Einschränkung auferlegt, nach dem bekannten Satz: ‚Die Gesellschaft lebt von Voraussetzungen, die sie selbst nicht bereit stellen kann.' Diese Voraussetzungen liegen im Inneren des einzelnen Menschen, an das keine staatliche Gewalt heranreicht, es ist die persönliche Freiheit.

The conclusion: People of the future will be more or less quickly, in all forms of society, faced with the question: Have the constraints of life imposed upon us from the outside in dictatorial pressure, or can we take the limitations of the finite nature as a voluntary sacrifice?

Das Fazit: Die Menschen der Zukunft werden mehr oder weniger schnell in allen Formen der Gesellschaft vor der Frage stehen: Lassen wir uns die Einschränkungen des Lebens von außen in diktatorischem Zwang auferlegen, oder nehmen wir die Einschränkungen der endlichen Natur als freiwilliges Opfer an?

2.2 We should now seek support and stimulation by the ecological theories of von Weizsäcker. The mere choice of force or voluntary is a dead end and would, if it remained our only choice, making every road impassable. **The renunciation is impossible by nature, but the finiteness of nature forces the renunciation.** In order to gain experience in this field, von Weizsäcker has studied earlier societies in different cultures. The method has my approval. The experience about people we attract best through people themselves, even if any transfer of yesterday to the present must be watched on checking.

Hier sollten wir nun Stütze und Anregung suchen bei den ökologischen Thesen von Weizsäckers. Die bloße Wahl von Zwang oder Freiwilligkeit ist eine Sackgasse und würde, wenn es bei der Wahl bliebe, jeden Weg unpassierbar machen. **Der Verzicht ist von Natur aus unmöglich, aber die Endlichkeit der Natur erzwingt den Verzicht.** Um Erfahrung auf diesem Gebiete zu sammeln, hat von Weizsäcker frühere Gesellschaften in verschiedenen Kulturen untersucht. Die Methode hat meine Zustimmung. Die Erfahrung über den Menschen gewinnen wir am besten am Menschen selbst, auch wenn jede Übertragung von Gestern auf Heute prüfend angeschaut werden muß.

Another method would be the idea of a timeless utopia, that is the idea of an ideal and perfect state, in which man is designed on the drawing board. But in modern times we have made too many fantastic experiences with utopian societies that have ended in the rape and even in the gasification of many real people. They promised the ideal beyond reality, the infinity of the restriction-free life, it all ended on the contrary, in death. Who sees the human beings as finite, as I look upon him preferably, such is not so happy to go the way of utopia, such prefers the way of experience.

Eine andere Methode wäre die Idee eines zeitlosen Utopia, also die Vorstellung eines idealen und vollkommenen Staates, in dem der Mensch am Reißbrett entworfen wird. Aber wir haben in der Neuzeit zu viele phantastische Erfahrungen mit utopischen Gesellschaften gemacht, die in der Vergewaltigung und gar in der Vergasung vieler realer Menschen geendet sind. Sie versprachen das Ideal über die Realität hinaus, die Unendlichkeit des einschränkungslosen

Lebens, sie endeten allesamt im Gegenteil, im Tod. Wer den Menschen als endliches Lebewesen sieht, wie ich ihn bevorzugt ansehe, der geht nicht so gern den Weg der Utopie, der bevorzugt den Weg der Erfahrung.

The order of practical life in earlier times Weizsäcker puts under the title of ‚Ethics of domination and servitude‘. Each pre-modern society was built on a similar pattern. The overwhelming number of its members lived in profound poverty, only slightly above the minimum standard of living, often below the minimum. Opposite to it stood a very small group of rulers who had more money, partly for their intended task, but mostly in order to make life pleasant. Sometimes they were equipped with huge wealth, which stood in no relation to their task. The Hanging Gardens of Semiramis in Babylon would be of little help to govern Mesopotamia. And the fabled richness of Solomon was probably of little use for the administration of the small country of Israel.

Die Ordnung des praktischen Lebens in früheren Zeiten stellt von Weizsäcker unter den Titel ‚Ethik des Herrschens und Dienens‘. Jede vormoderne Gesellschaft war nach ähnlichem Muster aufgebaut. Die überwältigende Zahl ihrer Mitglieder lebte in tiefer Armut, nur knapp über dem Lebensminimum, oft unter dem Minimum. Ihr gegenüber stand die sehr kleine Gruppe von Herrschenden, die über mehr Mittel verfügte, zum Teil für ihre Aufgabe bestimmt, zum Großteil aber, um sich das Leben angenehm zu machen. Manchmal sogar waren sie mit sehr großem Reichtümern ausgestattet, die in keinem Verhältnis mehr zu ihrem Auftrag standen. Die Hängenden Gärten der Semiramis in Babylon werden kaum zur Regierung des Zweistromlandes notwendig gewesen sein. Und der sagenhafte Reichtum Salomos diente wohl nur wenig der Verwaltung des kleinen Landes Israel.

Between the rich and the poor stood a third group of people, which can be called neither rich nor poor, neither powerful nor powerless. Let's call them simply the monks, or nuns, or even easier the monasteries with the basic principle of the evangelical counsels. All members of all three groups lived with limitations, those in the first two groups from a compulsion or necessity, the third group chose the restriction voluntarily. With the knowledge of the fluid boundaries of life, we can keep these three concepts of von Weizsäcker reasonable. How big this third group was, whether it can exist further under criticism of ideology, we are not interested at first. There was this group in the real world; and especially in the ideal world it was a recognized figure, and that was its most important function: **The voluntarily forfeiting allowed the involuntarily forfeiting the emotional survival.**

Zwischen Arm und Reich stand eine dritte Gruppe von Leuten, die man weder arm noch reich nennen kann, weder mächtig noch ohnmächtig. Nennen wir sie einfach die Mönche, oder die Nonnen, oder noch einfacher die Klöster mit dem Grundprinzip der Evangelischen Räte. Alle Mitglieder aller drei Gruppen lebten mit Einschränkungen, diejenigen in den beiden ersten Gruppen aus einem Zwang oder einer Notwendigkeit heraus, die dritte Gruppe wählte die Einschränkung freiwillig. Mit dem Wissen von den fließenden Grenzen des Lebens können wir diese drei Begriffe von Weizsäckers für vernünftig halten. Wie groß diese dritte Gruppe war, ob sie unter Ideologiekritik weiter bestehen kann, muß uns zunächst nicht interessieren. Es gab diese Gruppe in der Realität, und in der Idealität vor allem war sie eine anerkannte Gestalt, und das war ihre wichtigste Funktion: **Die freiwillig Verzichtenden ermöglichten den unfreiwillig Verzichtenden das seelische Überleben.**

The restriction means in the great majority of dependent people during many centuries and millennia simple modesty. Who today, given the finite nature, demands a limitation of the lifestyle makes no new demands. ,If you go into a town and they receive you, eat what is set before you.' This is reported in the apostolic rules of Jesus. Modesty is the virtue of the common man. The allegation of oppression can refused to tolerate. Previously, little people in simple societies even had their pride, they had acquired their quality of life by strict rules, which means mainly through parsimony.

Die Einschränkung heißt bei der großen Masse der abhängigen Menschen während vieler Jahrhunderte und Jahrtausende einfach **die Bescheidenheit**. Wer heute angesichts der endlichen Natur eine Einschränkung des Lebensstils fordert, der stellt keine neuen Forderungen auf. ,Wenn ihr in eine Stadt kommt und man euch aufnimmt, so eßt, was man euch vorsetzt.' Das verlautet in den apostolischen Regeln Jesu. Bescheidenheit ist die Tugend des kleinen Mannes. Den Vorwurf der Unterdrückung kann man sich verbitten. Früher hatten die kleinen Leute in den einfachen Gesellschaftsschichten auch ihren Stolz, sie hatten sich ihre Lebensqualität durch strenge Regeln erworben, das heißt vor allem durch Sparsamkeit.

Sparingly were the peasants and small artisans, if they thought something of themselves. Sparingly were also the workers created in the industrial revolution, out of compulsion as well as out of self-esteem. Or perhaps better said: Who took the constraint of limited life voluntarily upon himself, he found himself in the esteem which he was even given then from the outside. This ethos of modesty for example coined the origins of social democracy. In economically and socially stable times a lower social class could keep with the paradigm of modesty its self-esteem. When a family father who drove a VW beetle, saw a Mercedes, he said to his son: ‚This is something we do not need, it does not fit for us.'

Sparsam waren die Bauern und die kleinen Handwerker, wenn sie etwas auf sich hielten. Sparsam waren auch die in der industriellen Revolution geschaffenen Arbeiter, aus Zwang wie aus Selbstachtung. Oder vielleicht besser gesagt: Wer den Zwang des eingeschränkten Lebens freiwillig auf sich nahm, der fand in sich selbst die Achtung, die ihm dann auch von außen zuteil wurde. Dieses Ethos der Bescheidenheit prägte etwa die Anfänge der Sozialdemokratie. In wirtschaftlich und sozial stabilen Zeiten konnte eine untere Gesellschaftsschicht mit dem Paradigma der Bescheidenheit die Selbstachtung bewahren. Wenn ein Familienvater, der einen VW Käfer fuhr, einen Mercedes erblickte, sagte er zu seinem Sohn: ‚So etwas brauchen wir nicht, das paßt nicht zu uns.'

The degree of freedom in this paradigm was only slight. Therefore the virtue of the little man melted away quickly as snow in the spring sun, when the economic miracle began. In the new economy, made possible by science, technology and a liberalism, which was unheard new of humanity, the little man threw his ideals overboard quickly. For he had elected them without freedom and insight, that is, he just didn‘t elect them. The virtue of modesty went down within one generation in a massive second or third holiday. The many years of growing obesity of the population probably belongs to that. The grandsons of the little man are now much more obese than their grandparents.

Das Maß der Freiheit in diesem Paradigma war nur gering. Darum schmolz die Tugend des kleinen Mannes so schnell dahin wie der Schnee in der Frühlingssonne, als das Wirtschaftswunder begann. In der neuen Ökonomie, ermöglicht durch Wissenschaft, Technik und eine Liberalität, die unerhört neu für die Menschheit war, warf der kleine Mann seine Ideale schnell über Bord. Denn er hatte sie ohne Freiheit und Einsicht gewählt, das heißt, er hatte sie gerade nicht gewählt. Die Tugend der Bescheidenheit ging innerhalb einer Generation in einem massenhaften Zweit- oder Dritturlaub unter. Das seit Jahren wachsende Übergewicht weiter Bevölkerungskreise gehört wohl auch dazu. Die Enkel des kleinen Mannes sind heute viel fettleibiger als ihre Großeltern.

Discipline brings wealth, and wealth destroys discipline. In his own way, the little man has had to make this old experience and has destroyed his own discipline. Here Weizsäcker recognizes a violently effective anthropological law: Modesty which renounces unattainable goods, is a different attitude as self-control that renounces achievable goods, or asceticism, which renounces in principle all goods. **A voluntary ‚cultural discipline is very different than a respectable poverty'**. Yes, the experience shows it, the utopia would never be able to show this.

Zucht bringt Reichtum, und Reichtum zerstört Zucht. In seiner Art hat auch der kleine Mann diese alte Erfahrung machen müssen und die eigene Zucht zerstört. Weizsäcker erkennt hier ein heftig wirksames anthropologisches Gesetz: Bescheidenheit, die auf unerreichbare Güter verzichtet, ist eine andere Haltung als Selbstbeherrschung, die auf erreichbare Güter verzichtet, oder gar Askese, die im Prinzip auf alle Güter verzichtet. **Bewußte ‚kulturelle Disziplin ist etwas ganz anderes als anständige Armut'**. Ja, das zeigt die Erfahrung, die Utopie hätte es niemals zeigen können.

Even the nobility of former times had to cut back. In this case, towards the goods which were within their reach. The man and the woman of the nobility had to remain physically and mentally fresh to maintain superiority. Otherwise they would have fallen victim to their aristocratic neighbors soon. That is, the baron, the prince, the king could not leave his appetites and his indolence an infinite run, if he wanted to survive. This self-restriction von Weizsäcker calls the self-control or **the training**.

Auch der Adel früherer Zeiten musste sich einschränken. In diesem Falle gegenüber den Gütern, die für ihn erreichbar waren. Der Mann und auch die Frau des Adels mussten körperlich und geistig frisch bleiben, um die Überlegenheit zu wahren. Sonst wären sie ihrem adligen Nachbarn bald zum Opfer gefallen. Das heißt, der Baron, der Fürst, der König, konnte seinen Trieben und seiner Trägheit keinen grenzenlosen Lauf lassen, wenn er überleben wollte. Diese Einschränkung nennt von Weizsäcker die Selbstbeherrschung oder **das Training**.

Self-control is used in feudal societies for the distinction between the nobles and ignobles. Noble is who can move within the social forms. The distinction is not only to maintain the barriers between classes, it also promotes self-control. The rules of aristocratic gentility ensure in social as well as in physical sense, the uninterrupted sequence of the nobility. The nobility in the initial state was a warrior. The soldier, as in our days, the athlete could maintain his superiority only through constant training. Training in Greek means asceticism. The Apostle Paul reminds the cultural context: ‚Any athlete lives but totally abstinent, those doing this to a corruptible, but we are to win an imperishable crown of victory.‘

Selbstbeherrschung dient in feudalen Gesellschaften der Unterscheidung von vornehm und unvornehm. Edel ist, wer sich innerhalb der gesellschaftlichen Formen bewegen kann. Die Unterscheidung dient nicht nur dazu, die Klassenschranken zu wahren, sie fördert zugleich die Selbstbeherrschung. Die Regeln adliger Vornehmheit gewährleisten, in gesellschaftlicher wie in körperlicher Hinsicht, die ununterbrochene Folge der Adelsschicht. Der Adel war im Anfang ein Kriegerstand. Der Soldat, wie in unseren Tagen der Sportler, konnte seine Überlegenheit nur durch beständiges Training aufrecht halten. Training heißt auf griechisch Askese. Der Apostel Paulus nennt den kulturellen Zusammenhang: ‚Jeder Wettkämpfer lebt aber völlig enthaltsam; jene tun dies, um einen vergänglichen, wir aber, um einen unvergänglichen Siegeskranz zu gewinnen.'

The nobles were probably the first who have discovered the importance of asceticism. The body and the instincts of the people, because of its evolutionary origin, know life only with limited goods. The nobility was the first known group that had escaped the scarcity. But to the ladies and gentlemen of this layer it could not be hidden, how ravages the good life the innate rationality of emotions. The wealth allows to satisfy the drives of inertia, of hunger and sex far of their reasonable extend. A drive that should cause the preservation of the ego is of itself, that is by nature, boundless. In nature, the scarcity of goods creates the necessary limits. An aristocratic elite which lives out all forms of driving, was sentenced to rapid demise. The nobility in order to survive had to recognize this relationship. That is, who did not know it, is long extinct. The aristocracy was not allowed to live according to individual happiness, if it wanted to survive, it had to live truthfully oriented.

Die Adligen waren wohl die ersten Menschen, welche die Bedeutung der Askese entdeckt haben. Der Körper und die Triebe des Menschen kennen wegen ihrer evolutiven Herkunft nur ein Leben in knappen Gütern. Der Adel war die erste bekannte Gruppe, die der Knappheit entronnen war. Doch den Damen und Herren dieser Schicht konnte nicht verborgen bleiben, wie sehr das Wohlleben die angeborene Vernunft der Affekte verwüstet. Der Reichtum gestattet es, die Antriebe der Trägheit, des Hungers und des Geschlechtes weit über ihre sinnvolle Aufgabe hinaus zu befriedigen. Ein Trieb, der die Erhaltung des Ich bewirken soll, ist von sich selbst, das heißt von seiner Natur her, grenzenlos. In der Natur sorgt die Knappheit der Güter für die notwendige Grenze. Eine adlige Führungsschicht, die alle Formen der Trieberfüllung auslebt, war zum schnellen Untergang verurteilt. Diesen Zusammenhang mußte der Adel erkennen, um zu überleben. Das heißt, wer ihn nicht erkannt hat, ist schon lange ausgestorben. Der Adel durfte nicht nach individuellem Glücke leben, wenn er fortbestehen wollte, er mußte wahrheitsorientiert leben.

The control of the body by continuous training is just one example of many others from the area of self-control. Material goods as a trust owns the noble heritage from a long hand which is reached on from the parents to the children. The officer as a weapons carrier, if he does not want to destroy his own class, must have the most important quality that is self-control, he may give in to the killing instinct only under strict conditions, in war. This is the beginning of the noble chivalry.

Die Beherrschung des Körpers durch andauerndes Training ist nur ein Beispiel von vielen aus dem Bereich der Selbstbeherrschung. Materielle Güter besitzt der Adel als ein von langer Hand anvertrautes Erbe, das über die Eltern auf die Kinder weiter gereicht wird. Der Offizier als Waffenträger, will er nicht die eigene Gesellschaft zerstören, muß als wichtigste Qualität die Selbstbeherrschung haben; er darf dem Tötungstrieb nur unter strengen Bedingungen, im Kriege, nachgeben. Das ist der Anfang der adligen Ritterlichkeit.

And the marriage morals have to preserve the purity of blood, which explains almost all forms of erotic restraint and free movement in the nobility, especially the unequal morality for men and women. This marital discipline of the nobility was later taken over by the higher middle class, classically formulated in the ‚Buddenbrooks‘, as the father dictates his daughter Tony the marriage norm in a letter. ‚You do not have to be my daughter, not the granddaughter of your in God resting grandfather and not one worthy member of our family, if you seriously should have in mind, you alone, to go with your own pride and fickleness, cluttered pathways. This, my dear Antonia, I ask you to move in your heart.‘

Und die Ehemoral hat die Reinheit des Blutes zu bewahren; das erklärt fast alle Formen erotischer Beschränkung und Freizügigkeit im Adel, vor allem die ungleiche Moral für Mann und Frau. Diese eheliche Adelsdisziplin übernahm später das höhere Bürgertum, klassisch formuliert in den ‚Buddenbrooks‘, als der Vater seiner Tochter Tony die Heiratsnorm in einem Brief diktiert: ‚Du müßtest nicht meine Tochter sein, nicht die Enkelin Deines in Gott ruhenden Großvaters und überhaupt nicht ein würdiges Glied unserer Familie, wenn Du ernstlich im Sinn hättest, Du allein, mit Trotz und Flattersinn Deine eigenen, unordentlichen Pfade zu gehen. Dies, meine liebe Antonie, bitte ich Dich, in Deinem Herzen zu bewegen.‘

This ethic of servitude and domination would not have survived for centuries and more, if there had been only the servants and the masters. The competition had to unload again and again in battles for supremacy, because always the rulers had once been the servants who had set themselves on as their masters. In the early Middle Ages, the Carolingian had been for a long time the house major of the Merovingians, and then they were their masters. Or the Spartacus revolt in ancient times, the Cathar movement in the Middle Ages and the Socialist riots in modern times, with this I call three typical struggles, they always wanted to reverse the relationship between servants and masters.

Diese Ethik des Dienens und Herrschens hätte nicht Jahrhunderte und mehr überstanden, wenn es nur die Diener und nur die Herren gegeben hätte. Die Konkurrenz mußte sich immer wieder in Kämpfen um die Herrschaft entladen, weil immer ja die Herrscher früher einmal die Diener gewesen waren, die sich über ihre Herren gesetzt hatten. Im frühen Mittelalter waren die Karolinger lange Zeit die Hausmeier der Merowinger gewesen, bis sie dann ihre Herren wurden. Oder der Spartakus-Aufstand im Altertum, die Katharer-Bewegung im Mittelalter und die sozialistischen Aufstände in der Neuzeit, damit nenne ich drei typische Kämpfe, sie wollten immer das Verhältnis von Diener und Herren umkehren.

The Communist Manifesto of 1848, with his gaze into history was not so wrong when it begins in the first chapter with the first sentence: ‚The history of all hitherto existing society is the history of class struggles. Freeman and slave, patrician and plebeian, lord and serf, guild-master and journeyman, in a word, oppressor and oppressed, stood in constant opposition to one another, carried on an uninterrupted, now hidden, now open fight, a fight that each time ended, either in a revolutionary reconstitution of society at large, or in the common ruin of the contending classes.‘

Das ‚Kommunistische Manifest‘ von 1848 hat mit seinem Blick in die Geschichte so unrecht nicht gehabt, wenn es im ersten Kapitel mit dem ersten Satz anhebt: ‚Die Geschichte aller bisherigen Gesellschaft ist die Geschichte von Klassenkämpfen. Freier und Sklave, Patrizier und Plebejer, Baron und Leibeigner, Zunftbürger und Gesell, kurz,

Unterdrücker und Unterdrückte standen in stetem Gegensatz zu einander, führten einen ununterbrochenen, bald versteckten bald offenen Kampf, einen Kampf, der jedesmal mit einer revolutionären Umgestaltung der ganzen Gesellschaft endete, oder mit dem gemeinsamen Untergang der kämpfenden Klassen.'

However, in these battles, though sometimes could overcome the servants the masters, the domination itself could never overcome. So there was no end result in the abolition of the domination, but always new men and new servants when the revolution was successful with its circulation. The overcoming that leads to real reconciliation and to truly classless society would have to start from a different level. This level was and is always present, even if only in trace amounts. Anyone who starts with the competition, however, will end up with the competition. Or rather: ‚Who takes the sword will perish by the sword.‘

Allerdings, in diesen Kämpfen konnten zwar manchmal die Diener die Herren überwinden, aber die Herrschaft selbst überwanden sie nicht. Also gab es im Endergebnis keine Abschaffung der Herrschaft, sondern nur immer neue Herren und neue Diener, wenn die Revolution denn mit ihrer Umwälzung erfolgreich war. Die Überwindung, die zur Versöhnung und zur wirklich klassenlosen Gesellschaft führt, müßte von einer anderen Ebene ausgehen. Diese Ebene war und ist immer vorhanden, wenn auch nur in Spuren. Wer dagegen mit der Konkurrenz anfängt, wird mit der Konkurrenz enden. Oder besser gesagt: ‚Wer das Schwert ergreift, wird durch das Schwert umkommen.‘

In addition to the guiding principles of modesty among the servants and the paradigm of self-control among the rulers, there are probably in all advanced cultures **the paradigm of true asceticism.** Only in the renunciation of the struggle for survival, the new level is entered in which there is no more competition as the supreme guiding principle. This renunciation is understood religiously, or we better say faithfully, for religion and non-religion can be a powerful weapons in the struggle for existence. Medicine man and priest, hermit and monk, the pious sect, everyone who looks at a religious cleansing takes practice, needs asceticism. He needs to master the particular physical needs, their restraint in fasting and sexual abstinence. He also needs the restraint of social needs through voluntary poverty and renunciation of power. The waiver is taking shape in the religious order as in military in the form of voluntary obedience. Uniformly in the basic form, this experience can be found with countless cultural and personal nuances in all known civilizations. Only to our consumptive civilization, it was reserved to forget the experience. This signal has aroused the Baron von Weizsäcker.

Neben den Paradigmen der Bescheidenheit bei den Dienenden und dem Paradigma der Selbstbeherrschung bei den Herrschenden gibt es in wohl allen fortgeschrittenen Kulturen das **Paradigma echter Askese**. Erst im Entsagen des Lebenskampfes wird die neue Ebene betreten, in der nicht die Konkurrenz als oberstes Paradigma herrscht. Diese Entsagung versteht sich religiös, oder sagen wir besser gläubig, denn Religion wie Nicht-Religion kann eine scharfe Waffe sein im Kampf um das Dasein. Medizinmann und Priester, Einsiedler und Mönch, der Fromme einer Sekte, jeder, der in sich eine religiöse Reinigung sucht, braucht Übung, also Askese. Er braucht insbesondere die Beherrschung der leiblichen Bedürfnisse, ihre Zügelung in Fasten und geschlechtlicher Enthaltung. Er braucht auch die Zügelung der gesellschaftlichen Bedürfnisse durch freiwillige Armut und durch Machtverzicht. Der Verzicht nimmt Gestalt an in den religiösen Orden wie im Militär in der Form des freiwilligen Gehorsams. Einheitlich in der Grundgestalt, findet sich diese Erfahrung mit zahllosen kulturellen und persönlichen Schattierungen in allen bekannten Zivilisationen. Nur unserer konsumtiven Zivilisation blieb es vorbehalten, die Erfahrung zu vergessen. Dieses Signal hat den Freiherrn von Weizsäcker geweckt.

So between the masters and the servants, or above them, or even below them, there is created a third group, which dispenses with the acting out of drives, to the extent that is possible. But not because they have not the means, as the bulk had not in earlier times, not even because they wanted to preserve the power and superiority, and therefore they have to stay in training, but for a third reason. And Weizsäcker finds this behavior mysterious and interesting, this voluntary restriction he calls the real asceticism.

Zwischen Herren und Dienern also, oder über ihnen, oder auch unter ihnen, entsteht eine dritte Gruppe, die auf das Ausleben der Triebe verzichtet, so weit das möglich ist. Aber nicht, weil sie die Mittel nicht hätten, wie die große Masse sie früher nicht hatte, auch nicht, weil sie die Macht und Überlegenheit wahren wollten, und sie deshalb im Training bleiben müssen, sondern aus einem dritten Grund. Und das findet von Weizsäcker geheimnisvoll und interessant, diese freiwillige Einschränkung nennt er die eigentliche Askese.

The Lord of the castle Stechlin, also noble, liberal and clairvoyant, was simply amazed. ‚Why such a thing may exist, as sacrifice oneself, that is the Great.‘ For a goal namely, of which one does not really know where it lies. For me, for the others, or for God? On earth or in heaven? In this world or the hereafter? Is it a goal in time or in eternity? Or still better asked: Is it already there, or does it lie in the future? How can a person get to the idea to give up the fight in the struggle for existence? Or to fight only at the second half of the Mors-Vita-word?

Der Schloßherr von Stechlin, ebenfalls adlig, liberal und hellsichtig, war schlichtweg erstaunt. ‚Warum man überhaupt so was kann, wie sich opfern, das ist das Große.‘ Nämlich um eines Zieles willen, von dem man nicht weiß, wo es eigentlich liegt: Bei mir, beim anderen, oder gar bei Gott? Auf der Erde oder im Himmel? Im Diesseits oder im Jenseits? Ist es ein Ziel in der Zeit oder in der Ewigkeit? Oder noch besser gefragt: Ist es schon da, oder liegt es in der Zukunft? Wie kann ein Mensch auf die Idee kommen, im Kampf ums Dasein diesen Kampf einzustellen? Oder nur noch um die zweite Hälfte des Mors-Vita-Spruches zu kämpfen?

The place where this happens can only be the individual man, who in his freedom, which is finite, has found the way to securing his ego and therefore can give up the assurance of himself. Never leave the company, the state or the class, not even a community like the church can do this. All of this fear and worry is coming from this I which may extend subsequently to a collective anxiety or carelessness. Accordingly, this assurance is not to be found in nature or in society, since there is no such security. An deep spiritual experience says: You can only afford a waiver if you are satisfied.

Der Ort, wo das geschieht, kann nur der einzelne Mensch sein, der in seiner Freiheit, die endlich ist, den Weg zur Sicherung seines Ich gefunden hat und deshalb auf die Sicherung des Ich verzichten kann. Niemals die Gesellschaft, der Staat oder die Klasse, auch nicht eine Gemeinschaft wie die Kirche. Alle Angst und Sorge geht von diesem Ich aus, die sich nachträglich erst zu kollektiver Sorge oder Sorglosigkeit erweitern kann. Entsprechend wird diese Sicherung auch nicht in der Natur oder in der Gesellschaft gefunden, da gibt es diese Sicherheit nicht. Ein alte spirituelle Erfahrung besagt: Einen Verzicht kann nur der leisten, der erfüllt ist.

I always quote the example of St. Augustine. He could give up fame and lust when he had experienced the contact with the eternal wisdom. Only when he had given up himself, he was sure of himself. In Cassiciacum and Ostia 387, he had experienced the divine luck totally, so he could renounce further luck, that is, refrain from further struggle for existence, although his life on earth continued to run another 43 years. In the vision of Ostia, a few months after his conversion, he found the reconciliation with God, with himself and with the world present in the shape of his mother. Therefore, he had felt the desire to live without a name in the world in his small African hometown Thagaste. We should not deny the genuineness of his desire, even if the waiver has eventually become a world renown fame.

Ich führe immer das Beispiel des hl. Augustinus an. Er konnte auf Ruhm und Lust erst verzichten, als er die Berührung mit der ewigen Weisheit erfahren hatte. Erst als er auf sich verzichtet hatte, war er seiner selbst sicher. In Cassiciacum und in Ostia hatte er das Glück vollkommen erfahren, deshalb konnte er auf weiteres Glück, das heißt auf weiteren Kampf ums Dasein verzichten, obwohl sein Leben auf der Erde noch 43 Jahre weiter lief. In der Vision von Ostia, einige Monate nach seiner Bekehrung, hat er die Versöhnung mit Gott, mit sich und mit der Welt in der Gestalt der Mutter gefunden. Deshalb hatte er den Wunsch verspürt, ohne Namen in der Welt in seiner kleinen afrikanischen Heimatstadt Thagaste zu leben. Wir sollten ihm die Echtheit des Wunsches nicht absprechen, auch wenn aus dem Verzicht auf Ruhm schließlich Weltruhm geworden ist.

Weizsäcker has now got another problem: How can the experience of asceticism, which seems to be indispensable and with which the feudal societies could live a long time, be transferred from these feudal societies to democratic societies? How do we get from the old ethics of domination and servitude to the ethics of freedom and equality? Here we come across with an intellectual problem. The historical understanding of ethics is difficult to admit for sociologically trained modern intellectuals who determine the media and the university chairs. This difficulty can be explained. The intellectuals of today vote in their majority for the ethics of freedom and equality. They regard every domination to be an evil in itself which must belong to the past. And they look at the old ethics of domination and servitude to be an evil ideology for mere enforcement of interests of the nobility.

Das Problem, das von Weizsäcker nun hat, ist dieses: Wie können wir die Erfahrung der Askese, die unentbehrlich zu sein scheint und mit der die feudalen Gesellschaften lange Zeit leben konnten, von dieser feudalen auf die demokratische Gesellschaft übertragen? **Wie kommen wir von der alten Ethik des Herrschens und Dienens zur Ethik von Freiheit und Gleichheit?** Hier stoßen wir auf das intellektuelle Problem. Das geschichtliche Verständnis der Ethiken fällt den soziologisch geschulten modernen Intellektuellen, die Lehrstühle und Medien bestimmen, schwer. Diese Schwierigkeit ist erklärbar. Die Intellektuellen von heute haben sich in ihrer Mehrzahl der Ethik der Freiheit und Gleichheit verschrieben. Sie sehen in jeder Herrschaft ein Übel an sich selbst, das der Vergangenheit angehören muß; und die alte Ethik des Herrschens und Dienens betrachten sie als eine böse Ideologie zur Durchsetzung von bloßen Interessen des Adels.

Such a view makes the transition difficult from the ethics of domination and servitude to the ethics of freedom and equality. This transition, however, transforms as slowly as painfully, all ethical concepts related to concrete situations and behaviors. What counts is the experience: Goods which formerly were accessible only to dominators, have now become accessible to large social groups. So that the whole society is facing ethical problems that existed previously only for the very small group of upper crust. In plain words: The wealth of today threatens not only a tiny elite, but large masses.

Eine solche Sicht erschwert den Übergang von der Ethik des Herrschens und Dienens zur Ethik der Freiheit und Gleichheit. Dieser Übergang aber verwandelt, ebenso langsam wie schmerzhaft, alle auf konkrete Situationen bezogenen ethischen Begriffe und Verhaltensweisen. Entscheidend ist die Erfahrung: Güter, die früher nur den Herrschenden zugänglich waren, sind jetzt großen gesellschaftlichen Gruppen zugänglich geworden. Damit steht die ganze Gesellschaft vor ethischen Problemen, die es früher nur für die ganz kleine Schar der oberen Zehntausend gab. In deutlichen Worten: Der Wohlstand bedroht heute nicht nur eine winzige Elite, sondern breite Massen.

The question is whether the new requirement for modesty in the democratic framework assesses the psychological drivers correctly, against whom it is intended. **The non converted person can not restrict himself, and the conversion can not reasonably be produced.** Therefore, the ethically indeterminate status of the evangelical counsels: They can not be demanded from everyone, nor can they be of no matter for everyone. They are an attempt to keep in check the Explosive interests which so easily get out of control, by a whimsical design, a random selection of individual life form that is still socially necessary.

Die Frage ist allerdings, ob die neue Forderung nach Bescheidenheit im demokratischen Rahmen die seelischen Triebkräfte richtig einschätzt, gegen die sie sich wendet. **Der nicht bekehrte Mensch kann sich nicht einschränken, und die Bekehrung kann man vernünftigerweise nicht herstellen.** Deshalb der ethisch so unbestimmte Status der Evangelischen Räte: Sie können keine Pflicht für das Leben aller sein, noch können sie für das Leben aller gleichgültig sein. Sie sind ein Versuch, die tragischen Brisanten Interessen, die so leicht außer Kontrolle geraten, in Schach zu halten durch eine wunderliche Konstruktion, durch eine individuell zufällige Wahl der Lebensform, die doch gesellschaftlich dringend notwendig ist.

2.3 This logic is brandnew, and it needs getting used to. To get familiar with its status, namely with the necessary which may not necessarily be demanded, I ask the question: What is religion good for? For this world, or for the hereafter? What role should it play in the ecology? We must also ask: Can we view religion as an engine of the evangelical counsels, and these in turn as a remedy for the environmental crisis, for the perpetual and not only current crisis? Is then religion not used for the benefit of this world, for the struggle for life on Earth?

Diese Logik ist sehr neu und gewöhnungsbedürftig. Zur Einübung in ihren Status, nämlich in das Notwendige, das nicht notwendig gefordert werden darf, stelle ich die Frage: Wofür ist die Religion eigentlich gut? Für das Diesseits oder für das Jenseits? Welche Rolle soll sie in der Ökologie spielen? Wir müssen auch die Frage stellen: Darf man die Religion als einen Motor für die Evangelischen Räte ansehen, und diese wiederum als Heilmittel für die ökologische Krise, für die immerwährende und nicht nur gegenwärtige Krise? Wird die Religion dabei nicht nach ihrem Nutzen für das Diesseits, also für den Kampf ums Leben auf der Erde benutzt?

The situation gets even more complicated. I contrast two definitions of religion. First of all, the philosopher looks from the outside to religious life: ‚Religion as a carrier of culture is shaping the social life, dividing the times, determining or justifying morality, interpreting the fears, celebrating the pleasures, comforting the helpless, reading the world.‘ That is seen properly, religion does things like this, indeed, one would say that all religions can do so. We add and summarize: Religion makes the finiteness of life more bearable, thus reinforces its supporters in the struggle for survival.

Die Situation wird sogar noch etwas komplizierter. Ich stelle zwei Definitionen der Religion gegenüber. Zunächst einmal schaut der Philosoph von außen auf das religiöse Leben: ‚Religion als Träger einer Kultur formt das soziale Leben, gliedert die Zeiten, bestimmt oder rechtfertigt die Moral, interpretiert die Ängste, gestaltet die Freuden, tröstet die Hilflosen, deutet die Welt.‘ Das ist richtig gesehen, solche Dinge tut die Religion, ja, man müßte sagen, das tun alle Religionen. Wir können hinzufügen und zusammen fassen:

Die Religion macht die Endlichkeit des Lebens erträglicher, stärkt also ihre Anhänger im Kampf ums Überleben.

But there is also a different view. The classic question of the catechism, and its answer, thus the inside view of religion looks quite different. The question is: ‚Why are we on earth.‘ And the short answer: ‚We are on earth to know God, to love him and to serve him and thereby getting into heaven.‘

Aber es gibt auch eine andere Sicht. Die klassische Frage des Katechismus und seine Antwort, also die Innensicht der Religion, sieht ganz anders aus: Die Frage lautet: ‚Wozu sind wir auf Erden?‘ Und die knappe Antwort: ‚Wir sind auf Erden, um Gott zu erkennen, ihn zu lieben und ihm zu dienen und dadurch in den Himmel zu kommen.‘

In the first case religion is used to live more and longer on earth, in the second case, in order to stay alive at all or, as they say, to go to heaven. So the question arises: Does religion enhance the identity in the finite being, or improves it the identity in the infinite being? No matter what answer you might give, we find in both cases no good religion, if we hold the Mors-Vita-saying of Jesus to be true. In any case, just to preserve the identity, we should always regard this as a bad religion.

Im ersten Falle dient die Religion dazu, besser und länger auf der Erde zu leben, im zweiten Falle, um überhaupt am Leben zu bleiben oder, wie man sagt, in den Himmel zu kommen. Also stellt sich die Frage: Verbessert die Religion die Identität im endlichen Sein, oder verbessert sie die Identität im unendlichen Sein? Gleichgültig, welche Antwort man geben mag, wir haben es in beiden Fällen, wenn wir den Mors-Vita-Spruch Jesu zugrunde legen, nicht mit einer guten Religion zu tun. Jedenfalls, die Identität einfach erhalten zu wollen, sollten wir immer als eine schlechte Religion ansehen.

This question, or rather the quarrel, what religion is good for, runs right up to the present. The question generates not only quiet reflection, but often brings out bad blood. Because it comes to ultimate questions, the Rabies theologorum, the raving madness of the theologians has got its home here. The conservative and right faction will prefer the heaven as the goal of religion, the liberal and left group the earth. The one side shouts: Anyone who does not first seek the glory of God is lost, the other side counters: A religion that is demanding only, but is not comforting and not useful, is useless.

Diese Frage oder besser gesagt der Streit, wozu die Religion gut sei, zieht sich bis in die Gegenwart hin. Die Frage erzeugt nicht nur stilles Nachdenken, sondern bringt oftmals böses Blut hervor. Weil es um letzte Fragen geht, hat die Rabies theologorum, die Tollwut der Theologen, hier ihr Zuhause. Die konservative und rechte Fraktion wird den Himmel als das Ziel der Religion bevorzugen, die linke und liberale Fraktion die Erde. Die eine Seite ruft: Wer nicht zuerst die Ehre Gottes sucht, ist verloren; die andere Seite hält dagegen: Eine Religion, die nur fordert, aber nicht tröstet und nützlich ist, ist wertlos.

The answer that we can give, of course, must lie in the middle. Only it should not be buried there, but present itself with clarity. The keyword that could unlock the door reads after the second part of Jesus' word: Do not hold on the identity and the life! If we think of God as the One who is, who exists of himself and will remain out of himself, then we have only looked at a secondary feature of His reality. We are jealous of this impeccable identity. Even nature may bring to existence such an identity. It could also be eternal, it could also come from nature itself, and it always remains itself. So the modern age had meant it and had brought nature into struggle against God for more and its own identity.

Die Antwort, die wir geben können, muss natürlich in der Mitte liegen. Nur sollte sie dort nicht begraben sein, sondern sich mit Klarheit darbieten. Das Schlüsselwort, das die Tür aufschließen könnte, lautet nach dem zweiten Teil des Jesus-Wortes: Nichtfesthalten der Identität und des Lebens! Wenn wir uns Gott vorstellen als den, der ist, der aus sich selber existiert und der aus sich selber bleiben wird, dann haben wir nur auf eine sekundäre Eigenschaft seiner Wirklichkeit geschaut. Wir sind neidisch auf seine tadellose Identität. Eine solche Identität bringt zur Not auch die Natur zustande. Auch sie könnte ewig sein, auch sie könnte aus sich selber stammen und immer sie selber bleiben. So hatte es jedenfalls die Neuzeit gemeint und die Natur gegen Gott im Kampf um die Identität in Stellung gebracht.

But this modern atheism was also a belief in God and the belief in God was an atheism, as long as the one and the other side was in search of identity. Unfortunately, nature does not possess the identity of selfhood and therefore, I suspect, even God does not possess it. The 20th century has cleared up this scientific belief. Or shall we praise the loss as a good luck? Here we gain a breath-taking knowledge: **While we are compelled by chance and necessity to compromise with the identity of nature, we are compelled too, because of the recognized freedom, to make some additions to God beyond identity.**

Aber dieser neuzeitliche Atheismus war zugleich ein Gottesglaube, und der Gottesglaube war ein Atheismus, solange die eine wie die andere Seite nur auf der Suche nach der Identität war. Leider besitzt die Natur die Identität des Selbstseins nicht und deshalb, so ist zu vermuten, besitzt auch Gott sie nicht. Das 20. Jahrhundert hat mit diesem wissenschaftlichen Glauben aufgeräumt. Oder sollen den Verlust als Glück preisen? Hier machen wir eine den Atem raubende Erkenntnis: **Während wir bei der Natur wegen Zufall und Notwendigkeit einige Abstriche an der Identität machen müssen, können wir bei Gott, wegen der erkannten Freiheit, Zugaben über die Identität hinaus machen.**

This we can say now: The ultimate reality is not only identity. Identity is a secondary feature of both, of men as well as of God. The very last or even the first reality is freedom, which is active in love. We only know each other as human beings who have emerged from the devotion of others. This is the experience, may this devotion be done voluntarily or not. Identity comes from the non-identity, identity holds the second place, above all since the identity in nature will lead again to non-identity. This applies to animate and inanimate nature. In humaninty, there is the possibility of freedom, a small, restricted finite freedom to affirm itself. In love a human welcomes the other human or even begets him, either by the will in charity or as a tool for procreation and birth.

Dies können wir jetzt sagen: Die letzte Wirklichkeit ist nicht nur Identität. Identität ist eine sekundäre Eigenschaft sowohl des Menschen wie Gottes; die letzte oder auch die erste Wirklichkeit ist Freiheit, die in der Liebe tätig wird. Wir kennen uns Menschen nur als Wesen, die aus der Hingabe anderer Menschen hervorgegangen sind. Das ist die Erfahrung, mag diese Hingabe nun freiwillig geschehen sein oder nicht. Identität kommt aus der Nicht-Identität, sie ist sekundär, zumal die Identität in der Natur auch wieder zur Nicht-Identität führen wird. Das gilt für die belebte wie für die unbelebte Natur. Im Menschen kommt die Möglichkeit der Freiheit, einer kleinen, eingeschränkten endlichen Freiheit zu sich selbst. In der Liebe bejaht der Mensch den anderen oder bringt ihn sogar hervor, entweder durch den Willen in der Nächstenliebe oder als Werkzeug in Zeugung und Geburt.

Thus the contrast between heaven and earth is reduced. And the definition of the philosopher and that of the Catechism about the meaning of religion are tending towards each other. They both show not only the bad side of religion, they also show its good side. The key sentence is: I can renounce life, if it is no longer in danger. Thus the divine property, that means love to another, is released which now can be realized by the humans. Anyone who seeks the glory of God can, of course, only do the works of God: He helps to shape social life, to form the time, to boost morality, to designe the pleasures, to comfort the helpless and to interpret the world.

Damit ist der Gegensatz von Himmel und Erde verringert. Und die Definition des Philosophen und diejenige des Katechismus über den Sinn der Religion nähern sich an, sie zeigen beide nicht nur die schlechte Seite der Religion, sie zeigen auch ihre gute Seite an. Der Kernsatz lautet: Ich kann auf das Leben verzichten, wenn es nicht mehr in Gefahr ist. Dadurch wird die göttlichste Eigenschaft, die Liebe zum anderen, freigesetzt, die der Mensch jetzt verwirklichen kann. Wer also die Ehre Gottes anstrebt, kann natürlich nur die Werke Gottes tun: Er hilft, das soziale Leben zu formen, die Zeiten zu gliedern, er stärkt die Moral, gestaltet die Freuden, tröstet die Hilflosen und deutet die Welt.

And in the opposite direction? Those who have comforted the helpless and so on, who cares for the sick, visits the prisoners and comforts the sorrowful, is seeking thereby the glory of God, because God's honor is the living of his creation and his creatures.

Und in der umgekehrten Richtung? Wer eben die Hilflosen tröstet und so weiter, wer die Kranken pflegt, die Gefangenen besucht und die Traurigen tröstet, der sucht eben dadurch auch die Ehre Gottes, da Gottes Ehre das Leben seiner Schöpfung und seiner Geschöpfe ist.

The ecological crisis is a crisis of willingness in self-being, a crisis of man in the struggle for existence, because he wanted to give himself his identity. Therefore, the protection of the environment as the preservation of creation may be a religious event, if I do not so much think of my own preservation, rather than that of my brothers and sisters. But who can be sure in his mind?

Die ökologische Krise ist eine Krise des Selbstseinwollens, eine Krise des Menschen im Kampf ums Dasein, da er sich seine Identität sich selbst geben wollte. Deshalb kann der Schutz der Umwelt als Bewahrung der Schöpfung ein religiöses Ereignis sein, wenn ich dabei weniger an meine Selbsterhaltung denke, als an die meiner Brüder und Schwestern. Wer kann sich aber in seinen Gedanken sicher sein?

Is there an ethic of voluntary restriction only with religion? Yes, and I think it is only the good religion that renounces basically the identity in nature, or better said, can be ready to receive all identity. The bad religion, that's the merely mythical, the merely comforting, the people-religion, which helps in coping with the contingency, because I eventually want to helped myself. It seems to me, that shape of religion just does not help in addressing the major problems of advanced societies.

Gibt es eine Ethik zur freiwilligen Einschränkung nur mit der Religion? Ja, und ich meine, nur mit der guten Religion, die im Grunde auf die Identität in der Natur verzichtet, oder besser gesagt, sich diese Identität schenken läßt. Die schlechte Religion, das ist die bloß mythische, die bloß tröstende, die Leute-Religion, die bei der Bewältigung der Kontingenz hilft, weil mir schließlich selbst geholfen werden soll. Diese Form der Religion, scheint mir, hilft gerade nicht bei der Bewältigung der großen Probleme der fortgeschrittenen Gesellschaft.

3. The counsels of the Holy Scripture

Proposition 3: The Evangelical Counsels are already found in the Old Testament. But they only become clear in the New Testament. They are a necessary sacrifice of life, which nevertheless can not be demanded necessarily.

These 3: Die Evangelischen Räte finden sich schon im Alten Testament. Doch erst im Neuen werden sie klar: Sie sind ein notwendiges Opfer des Lebens, das dennoch nicht notwendig gefordert werden kann.

3.1 Also at this proposition I start again with a literary source. It plays around the intellectual figure of non-necessary need. In the third part of the big four-part series ,Joseph and his brothers‘ by Thomas Mann there is a conversation in the orchard between the young Joseph and his master Potiphar:
Auch bei dieser These beginne ich wieder mit einer literarischen Vorlage. Sie umspielt die Denkfigur der nicht-notwendigen Notwendigkeit. Im dritten Teil des großen Vierteilers ,Joseph und seine Brüder‘ von Thomas Mann heißt es in einem Gespräch im Baumgarten zwischen dem jungen Joseph und seinem Herrn Potiphar:

,Youth and beauty,‘ Joseph replied, ,may also signify a sterner adornment than that with which that garden crowns the children of men. Your slave, o master, knows an evergreen which is a symbol of youth and beauty, and yet is an adornment for a sacrifice. He who wears it is reserved, and whom it adorns is set apart.‘

,You speak of the myrtle?‘ ,Of the myrtle. I and mine name it the herb touch-me-not.‘

,Do you wear that herb?‘ ,My seed and gender, we wear it. Our God has engaged us and is a bloody groom full of eager, because he is lonely and demands loyalty. But we are like a bride of his loyalty, dedicated and saved.‘

‚What, all of you?‘ ‚In principle all, my lord. But among the heads and friends af God in our race God chooses out one who shall be especially dedicated to Him in the adornment of consecrated youth. To the father it is indicated that he shall offer his son as a sacrificial victim. If he can do it, he does. If he can‘t, it will be done to him.‘

‚Jugend und Schönheit‘, versetzte Joseph, ‚mögen auch wohl einen strengeren Schmuck bedeuten als den, womit jener Garten die Menschenkinder kränzt. Dein Sklave, Herr, weiß ein Immergrün, das ein Gleichnis der Jugend und Schönheit ist und ein Opferschmuck auch zugleich. Wer es trägt, der ist aufgespart, und wen es schmückt, der ist vorbehalten.‘

‚Du sprichst von der Myrte?‘ ‚Von ihr. Die Meinen und ich, wir nennen sie wohl das Kräutlein Rührmichnichtan.‘

‚Trägst du dies Kräutlein?‘ ‚Mein Same und Geschlecht, wir tragen es. Unser Gott hat sich verlobt und ist uns ein Blutsbräutigam voller Eifer, denn er ist einsam und brennt auf Treue. Wir aber sind wie eine Braut seiner Treue, geweiht und aufgespart.‘

‚Wie, ihr alle?‘ ‚Grundsätzlich alle, mein Herr. Aber unter den Häuptern und Gottesfreunden unseres Geschlechts pflegt Gott sich einen auszuersehen, der ihm verlobt sei noch besonders im Schmucke geweihter Jugend. Dem Vater wird's zugemutet, den Sohn darzubringen als Ganzopfer. Kann er's, so tut er's. Kann er's nicht, so wird's ihm getan.‘

A brilliant piece of a brilliant author! He too, as Fontane, is a religious writer, looking from the outside into the interior, without entering the interior. Is it the style, or is it the stuff which makes the author so brilliant here? Or even a third? One would like to agree with him and shout out loudly: This is the biblical mind, this is the election by the zealous God of whom we have heard and read. However, so clearly no one has told us up to this day. All are chosen that are chosen! All are called to live according to their election. But the election is unnatural, it is supernatural, it is impossible, depending. It is too high, too dangerous, too expensive, even if it sounds reasonable in itself, as life carries the Darwinian contradiction in itself. ‚If he can do it, he does. If he can‘t, it will be done to him.‘ This is the literary expression for the non-necessary need in the face of contradiction, because life wants to live and is approaching death!

Ein glänzendes Stück von einem glänzenden Autor! Auch er wie Fontane ist ein religiöser Schriftsteller, der von Außen in das Innere blickt, ohne doch das Innere zu betreten. Ist es die Machart, oder ist es der Stoff, womit der Autor hier brilliert? Oder noch ein Drittes? Man möchte ihm gleich zustimmen und laut ausrufen: Das ist der biblische Geist, das ist die Erwählung durch den eifernden Gott, von dem wir gehört und gelesen haben. So deutlich allerdings hat es uns bis heute niemand gesagt: Alle sind erwählt, die erwählt sind! Alle sind gefordert, nach ihrer Erwählung zu leben. Doch die Erwählung ist unnatürlich, sie ist übernatürlich, sie ist unmöglich, je nachdem. Sie ist zu hoch, zu gefährlich, zu kostspielig, auch wenn sie an sich vernünftig klingt, da das Leben den Darwinischen Widerspruch in sich trägt. ,Kann er's, so tut er's. Kann er's nicht, so wird's ihm getan.' Das ist der literarische Ausdruck für die nicht-notwendige Notwendigkeit angesichts des Widerspruchs, da das Leben leben will und auf den Tod zugeht!

Are there a few members of the people to be saved, thus representing live for others? Is this the biblical spirit of the Old Testament, sometimes called the First Testament? There is some evidence for this, but much at first glance is against the reservation and delegation. Sometime long ago the zeal for God may have started, maybe with Abraham, or perhaps with Noah and his swimming box; little does it matter whether the beginning is marked with these names historically or biblically correct. The zeal for the good life is certainly yet a long time in the world. Later, Moses has given the zeal a lawful form. And the prophets like Amos, maybe we should already call Elijah a century earlier, have again and again sued more zeal for God and his laws.

Es sollen einige wenige Glieder des Volkes aufgespart sein, also stellvertretend für andere leben? Ist das der biblische Geist des Alten Testamentes, manchmal auch das Erste Testament genannt? Es spricht einiges dafür, vieles auf den ersten Blick aber gegen die Aufsparung und die Stellvertretung. Irgendwann hat der Eifer für Gott angefangen, vielleicht mit Abraham, vielleicht schon mit Noah und seinem Schwimmkasten; wenig verschlägt es, ob der Anfang mit diesen Namen historisch oder biblisch richtig bezeichnet ist. Der Eifer für das rechte Leben ist jedenfalls seit langer Zeit in der Welt. Später hat Mose dem Eifer eine gesetzmäßige Gestalt verliehen, und die Propheten von Amos an, vielleicht sollten wir schon Elija ein Jahrhundert früher nennen, haben die Gesetze und noch mehr den Eifer für Gott wieder und wieder eingeklagt.

They also have abundantly seen in fornication the infidelity against God, a point which is not easy to understand. For their great kings David and Solomon had got many wives, and yet they were always recognized as the heroic figures chosen by God. And if the first book of Kings complains of Solomon who has not worshipped undividedly the Lord, the God of Israel, as the only God, he worships because of his many wives even their gods, this has to do very little with lust and fornication. Initially at least it seems, otherwise as Joseph wants to tell to Potiphar, the faithfulness to the Lord in Israel has little to do with the power of sex.

Sie haben auch in reichem Maße in der Unzucht die Untreue gegen Gott gesehen, ein Punkt, der allerdings nicht leicht zu verstehen ist. Denn ihre großen Könige David und Salomo hatten unzählige Frauen, und doch waren sie als die heroischen von Gott erwählten Gestalten immer anerkannt. Und wenn das erste Buch der Könige klagt, Salomo habe nicht mehr ungeteilt den Herrn, den Gott Israels als einzigen Gott verehrt, er verehre wegen seiner vielen Frauen auch deren Götter, so hat das mit Lust und Unzucht wenig zu tun. Zu Anfang jedenfalls scheint, anders als Joseph dem Potiphar erzählen will, in Israel die Treue zum Herrn mit der geschlechtlichen Kraft wenig zu tun zu haben.

Election by Yahweh, whose answer would be savedness is almost not available. Or it is not easy to find evidence for it in the Scriptures of the Old Covenant. Where should we look? In the history books? In the wisdom literature? In the prophets? Abstinence, i.e. saving up and reserve, may have occurred in two forms: First as a rejection of the fertility cult which was celebrated in the name of Baal, the acre's bull, against whom, for example, has fought the Prophet Elijah. Freedom and clarity of the mind stand in the opposite of noise and the abandonment of the ego in the drives. The second form is the temporary abstinence before big events, before, for example, the promulgation of the Ten Commandments and their cultic repetition on days of festivities.

Auserwählung durch Jahwe, deren Antwort die Aufgespartheit wäre, ist fast gar nicht vorhanden. Oder es ist nicht ganz leicht, dafür Belege in der Schrift des alten Bundes zu finden. Wo sollen wir suchen? In den Geschichtsbüchern? In den Weisheitsschriften? Bei den Propheten? Enthaltsamkeit, die sich aufspart und vorbehält, mag in zwei Gestalten aufgetreten sein: Einmal als Ablehnung des Fruchtbarkeitskultes, der im Namen des Baal gefeiert wurde, des Ackerstiers, gegen den zum Beispiel der Prophet Elija gekämpft hat. Freiheit und Klarheit des Geistes stehen gegen den Rausch und die Verlorenheit des Ich im Triebe. Die zweite Gestalt ist die zeitweilige Enthaltsamkeit vor großen Ereignissen, wie vor der Verkündung der Zehn Gebote und bei seiner kultischen Wiederholung an hohen Festtagen.

Can't we take the known sixth commandment of Moses' tablets of law as an example? Probably not, since it seems to have a different content. It reads: Thou shalt not commit adultery! However, the later view, all sexual activity must have sense only in marriage and in the procreation of new life, has probably not been the main goal of this commandment in the Old Covenant. The experts of the Bible rather rightly say in an almost unanimous manner: This marriage is meant as a title of ownership, the adultery ban means not much more than a prohibition of theft. The man says: This woman is my property, you must not take her away of me. But also to the man is issued a demand by the sixth commandment: As God is faithful to his creatures, so you shall as a man be faithful to your wife.

Können wir nicht aber das bekannte sechste Gebot dieser Mosaischen Gesetzestafeln als ein Beispiel nehmen? Eher nicht, denn es scheint einen anderen Inhalt zu haben. Es lautet: Du sollst nicht die Ehe brechen! Doch die spätere Auffassung, nach der alle geschlechtliche Tätigkeit nur in der Ehe und in der Zeugung neuen Lebens seinen Sinn haben darf, ist wohl nicht das Hauptziel dieses Gebotes im Alten Bund gewesen. Die Bibelausleger sagen in ziemlicher Einmütigkeit und wohl zurecht: Hier ist die Ehe als Besitztitel gemeint, das Ehebruchsverbot meint also nicht viel anderes als ein Diebstahlsverbot. Der Mann sagt: Die Frau ist mein

Besitz, du darfst sie mir nicht wegnehmen. Aber auch an den Mann ergeht mit dem sechsten Gebot eine Forderung: So wie Gott treu zu seinen Geschöpfen steht, so sollst du als Mann treu sein zu deiner Frau.

Rather the opposite, the sexual force is highly esteemed in ancient times. For the Bible begins with the powerful call on the first page: ‚Be fruitful and multiply!' And the strange institution of levirate marriage, no matter how much it was widespread, was not influenced by abstinence!. And this for religious reasons! In my seed I reach over with my possessions to the Messiah and I experience his kingdom in my grandchildren and great-grandchildren. Therefore, when I die, I want that the surviving brother takes my widow as wife, and through her he should give me children, so I retain in possession of my country until the coming of the Messiah. One idea that appeared important and also curious also to the Sadducees why they wanted to lure Jesus about this into a trap.

Eher umgekehrt, die geschlechtliche Kraft wird in der alten Zeit hoch geschätzt. Schließlich hebt die Bibel mit dem mächtigen Ruf auf der ersten Seite an: ‚Seid fruchtbar und mehret euch!' Und auch die merkwürdige Einrichtung der Schwagerehe oder Leviratsehe, ist ungeachtet, wie sehr sie verbreitet war, nicht von Enthaltsamkeit geprägt. Und zwar aus religiösen Gründen! In meinen Nachkommen erreiche ich über meinen Besitz den Messias; sein Reich erlebe ich in meinen Enkeln und Urenkeln. Deshalb, wenn ich sterbe, soll mir der überlebende Bruder zu Kindern verhelfen und meine Witwe zur Frau nehmen, er soll mir Kinder verschaffen, damit ich das Land bis zur Ankunft des Messias in Besitz behalte. Eine Idee, die selbst Sadduzäern wichtig und zugleich kurios erschien, weshalb sie Jesus damit in eine Falle locken wollten.

How did the narrator Thomas Mann come up with the idea, to lay into young Joseph's mouth the savedness and the dedicated youth as a sign of election? And, most important: How did he come up with the idea of representation? The Ten Commandments of Moses are to be respected by every Israelite, representation is not provided. But I still think the writer is right, when he lets tell young Joseph in this way the core of Israel's religion. But this core is located in the Egyptian period and after that a very long time as a seed hidden in the ground and waiting for growth until it appears in the light of the day. Actually, Thomas Mann puts the knowledge of God into the mouth of young Joseph, that finally has reached the Second Isaiah or even he anticipates the religion of love and sacrifice of Jesus.

Wie kam der Erzähler Thomas Mann auf die Idee, dem jungen Joseph die Aufgespartheit und geweihte Jugend als Zeichen der Auserwählung in den Mund zu legen? Und vor allem, wie kommt er auf den Gedanken der Stellvertretung? Die Mosaischen Zehn Gebote sollen von jedem Israeliten geachtet werden, Stellvertretung ist nicht vorgesehen. Ich denke dennoch, der Schriftsteller hat schon recht, wenn er den jungen Joseph in dieser Weise den Kern der israelischen Religion erzählen läßt. Doch dieser Kern liegt in der ägyptischen Periode und lange Zeit danach noch sehr verborgen als Keim im Boden und harrt des Wachstums, bis er am Licht des Tages erscheint. Eigentlich legt Thomas Mann dem Joseph die Gotteserkenntnis des zweiten Jesaja in den Mund oder er nimmt gar die Liebes- und Opferreligion Jesu vorweg.

This anticipation, I shall try to show. To recognize the representative sacrifice, we must first correct the one-sided emphasis on abstinence in order to achieve more balance in the drives. Sexuality can only be pars pro toto, a part of the human drives. We are products of the evolution, therfore we are the grandchildren of victors in the struggle for existence; and the drives of this struggle, brought into human life, are power, sexuality and money. In the area of animal these drives are guided by instinct, in humans they are largely set free, so the homo sapiens is faced with the endless task of directing the drives of life itself. A challenging task!

Diese Vorwegnahme will ich zu zeigen versuchen. Um das stellvertretende Opfer zu erkennen, müssen wir zunächst die einseitige Betonung der Enthaltsamkeit korrigieren, um zu mehr Balance in den Trieben zu gelangen. Geschlechtlichkeit kann hier nur Pars pro toto sein, ein Teil des Triebwesens Mensch. Wir sind Produkte der Evolution, deshalb auch die Enkel von Siegern im Kampf ums Dasein, und die Antriebe dieses Kampfes sind, ins menschliche Leben gebracht, Macht, Geschlechtlichkeit und Geld. Im tierischen Bereich werden die Triebe durch die Instinkte gelenkt, im Menschen sind sie weitgehend frei gesetzt, deshalb steht der Homo sapiens vor der endlosen Aufgabe, die Triebe des Lebens selbst zu lenken. Eine anspruchsvolle Aufgabe!

Heteronomy is the mode of faunal existence, autonomy belongs to the splendor and misery of humanity. This is the autonomous life: You are allowed to dictate yourself the strict laws against your Explosive interests. If you do not succeed, you expect the penalty of decline, because unlimited power, or even the striving towards it, is tragic. The same tragedy prevails in sex and money. One can also say they are evil because they do not achieve their goal of ensuring the survival of the individual. Quite the contrary, they block the way to survival, they create competition in which each individual is soon declined.

Heteronomie ist die Daseinsweise des Tieres, Autonomie gehört zu Glanz und Elend des Menschen. Das eben ist das autonome Leben: Du darfst dir die strengen Gesetze gegen deine Brisanten Interessen selbst vorschreiben. Sollte dir das nicht gelingen, erwartet dich die Strafe des Untergangs, denn grenzenlose Macht oder schon das Streben danach sind tragisch. Die gleiche Tragik waltet bei Geschlechtlichkeit und Geld. Man kann auch sagen, sie sind böse, weil sie ihr Ziel nicht erreichen, das Überleben des Individuums. Gerade umgekehrt, sie versperren den Weg zum Überleben; sie erzeugen die Konkurrenz, in dem jedes Individuum bald unterliegen wird.

What is the opposite of the struggle for survival? It is the sacrifice, the voluntary sacrifice of oneself, not only in the form in which Joseph alias Thomas Mann speaks of savedness, but in a comprehensive perception of the situation of finite humans in the finite nature. At the beginning the sacrificing sacrifices a small portion of his estate, with time by and by this part moves more and more inward, into himself, until it is one amd the same with him: The sacrificer sacrifices himself, which is quite natural and very unnatural.

Was ist das Gegenteil des Kampfes ums Überleben? Es ist das Opfer, das freiwillige Opfer des Ich, nicht nur in der Gestalt, in der Joseph alias Thomas Mann von der Aufsparung spricht, sondern in umfassender Wahrnehmung der Lage des endlichen Menschen in der endlichen Natur.

Zu Anfang opfert der Opfernde einen kleinen Teil seines Besitzes, im Laufe der Geschichte wandert dieser Teil immer mehr nach Innen, in ihn selbst hinein, bis er mit ihm eins wird: Der Opfernde opfert sich selber, was ganz natürlich und ganz unnatürlich ist.

This development can be seen in the Old Testament. It begins with the pre-Israelite sacrifices at pasture change, continues through the sacrifice of Abraham, through the Passover of the commemoration of the Exodus from Egypt up to the second Isaiah, also known as Deutero-Isaiah. This unnamed seer of Israel stands out with the great idea of representation in which abstinence may have played a role, but not the main role. However, the abstinence or savedness is for writers most attractive to perform, because their readers recognizes their three Explosive interests in this interest most clearly and fully up to date.

Diese Entwicklung läßt sich im Alten Testamant erkennen. Sie beginnt bei den vorisraelitischen Opfern des Weidewechsels, geht weiter über das Opfer Abrahams, über das Pascha für das Gedenken an den Auszug aus Ägypten bis zum zweiten Jesaja, auch Deutero-Jesaja genannt. Dieser namenlose Seher Israels tritt mit der großen Idee der Stellvertretung hervor, in der Enthaltsamkeit auch eine Rolle spielen mag, aber keineswegs die Hauptrolle. Die Enthaltsamkeit oder die Aufgespartheit ist für Schriftsteller allerdings am reizvollsten dazustellen, da der Leser seine drei Brisanten Interessen in diesem Interesse am deutlichsten und ganz aktuell erkennt.

I want to tell the history of the sacrifice in the Old Covenant shortly, and I think we will find the main elements that we seek for and of which young Joseph chats so delightfully: **The sacrifice of the ego is a knowledge of God**, and **the sacrifice is at the same time representation**, because the sacrifice is reasonable, but it can not be demanded.

Ich will die Opfergeschichte des Alten Bundes kurz erzählen, und ich denke, wir werden die Hauptelemente finden, die wir suchen und von denen der junge Joseph so leichten Mundes plaudert: **Das Opfer des Ich ist eine Gotteserkenntnis**, und **das Opfer ist zugleich eine Stellvertretung**, weil das Opfer zwar vernünftig ist, aber nicht gefordert werden kann.

What kind of experience is reflected in the history of the sacrifice? The beginnings of human culture are interspersed with sacrifices of plants, animals, humans which would be used to secure the harvest. They serve for the renewal of the depleted fertility of the earth, that is a sacred force that seems to be mighty in growing and harvesting the plants. Primitive humans lived in the fear that this power would be exhausted by use. The fear of the sun could finally go out in winter, the moon will not further arise, the vegetation will dry up has accompanied the early human inhabitants of the earth for millennia. Prior to any disclosure of the unknown power it takes the same unrest between fear and hope. ‚This power is only temporary, it is likely to be exhausted.‘

Welche Erfahrung spiegelt sich in der Geschichte des Opfers? Die Anfänge der menschlichen Kultur sind durchsetzt mit Pflanzen-, Tier-, Menschenopfern, die für die Sicherung der Ernte gebraucht werden. Sie dienen der Erneuerung der erschöpften Fruchtbarkeit der Erde, einer heiligen Kraft, die in Wachstum und Ernte am Werke zu sein scheint. Der primitive Mensch lebt in der Angst, diese Kraft möchte sich durch den Gebrauch erschöpfen. Die Angst, die Sonne könne im Winter endgültig erlöschen, der Mond werde nicht mehr aufgehen, der Pflanzenwuchs werde verdorren, hat den frühen humanen Erdenbewohner über Jahrtausende begleitet. Vor jeder Offenbarung der unbekannten Macht ergreift ihn die gleiche Unruhe zwischen Furcht und Hoffnung: ‚Diese Macht ist nur vorübergehend, sie läuft Gefahr sich zu erschöpfen.‘

The fear continues to grow, when early man is sowing and harvesting thereby entering more and more deeply into the cycle of nature. Then he has the impression of weakening nature by his planned action. While the collector and hunter takes only what is offered, the shepherd and the farmer are forcing nature to produce the desired natural gifts it has not in its own offer. The feeling of guilt is growing, and the sacrifices become larger in order to get rid of the guilty feeling. But since humans cannot cease from eating and drinking, and because they need more and more of it, there remains the feeling of guilt and is even growing, and with this feeling begins the cunning of the sacrifice.

Die Angst nimmt weiter zu, wenn der frühe Mensch durch Aussaat und Ernte tiefer in den Kreislauf der Natur eingreift. Dann hat er noch mehr den Eindruck, durch sein planmäßiges Handeln die Natur zu schwächen. Während der Sammler und Jäger nur das Gebotene nimmt, zwingt der Hirte und Ackerbauer die Natur zur Erzeugung der gewünschten Gaben, die sie von sich aus nicht im Angebot hat. Das Gefühl der Schuld wächst, und die Opfer werden größer, um das Gefühl wieder los zu werden. Doch da der Mensch vom Essen und Trinken nicht ablassen kann, und er mehr und mehr davon braucht, bleibt das Schuldgefühl bestehen und wächst sogar, und mit diesem Gefühl beginnt die List des Opfers.

For the fear there must be established a compensation; that is feeling the resident who has become a farmer. What he took away from the soil, he thinks he must refund it back to God or to nature. The harvest seems to him like a robbery, but he may not flee as he did earlier after robberies, the farmer is now bound to his farm. The place of fear migrates inward, the sedentary can no longer escape. The debut sacrifice is the basic pattern of all sacrifices. These gifts are the first-born from the womb, it seems to be a demanded compensation from the numinous power. We read of Cain and Abel in the first pages of the Bible, they are offering to the Lord their first or debut sacrifice, the farmer Cain of the first fruits of his field, the shepherd Abel of the firstborn of his flock.

Für die Angst muß ein Ausgleich geschaffen werden, fühlt der ansässig gewordene Ackersmann. Was er dem Boden entnommen hat, meint er dem Gott der Natur wieder erstatten zu müssen. Die Ernte kommt ihm wie ein Raub vor, dennoch kann er nicht wie früher von dem Ort des Raubes flüchten, er ist an seine Scholle gebunden. Der Ort der Angst wandert nach innen, der Seßhafte kann nicht mehr entlaufen. Das Erstlingsopfer bildet das Grundmuster aller Opfer. Es handelt sich bei diesen Gaben um das Erstgeborene aus dem Mutterschoß, das als Ausgleich von der numinosen Macht gefordert scheint. Kain und Abel, so heißt es auf den ersten Seiten der Bibel, bringen dem Herrn ein Erstlingsopfer, der Ackerbauer Kain von den Erstlingen seines Feldes, der Schafhirte Abel von den Erstlingen seiner Herde.

The numinous forces are tugging at the life of man, and his mind can not distinguish between spiritual and material forces. The material is exposed to the work of men, not the invisible, indeed vice versa, the unseen seems to keep the movements of life in its hands. Here at the start of the sacrifice, we see a deal at work, an unequal giving and taking. The deal is not far removed from the fraud, if you look at the exchange. **The commercial basis of the sacrifice is the cunning**. The sacrificer throws himself contritely down before nature or the deity in order to achieve prosperity by returning a small share of the booty. In quantitative terms, the firstborn fruits make up only a fraction of the profit. A true compensation of forces simply does not exist. Economically, agriculture is a systematic betrayal of nature by the early humans, they feel it and want to take countermeasures with their sacrifices.

Die numinosen Mächte zerren am Leben des Menschen, und sein Verstand vermag nicht zwischen geistigen und materiellen Kräften zu unterscheiden. Das Materielle ist der Arbeit des Menschen ausgesetzt, das Unsichtbare nicht, ja umgekehrt, das Unsichtbare scheint die Bewegungen des Lebens in der Hand zu halten. Hier, am Anfang des Opfers, sehen wir ein Geschäft am Werk, ein ungleiches Geben und Nehmen. Das Geschäft ist vom Betrug nicht weit entfernt, wenn man sich den Austausch ansieht. **Die Geschäftsgrundlage des Opfers ist die List.** Der Opfernde wirft sich zerknirscht vor der Natur oder der Gottheit nieder, um Wohlergehen zu erlangen durch die Rückgabe eines kleinen Beuteanteils. Quantitativ gesehen machen die Erstlingsgaben nur einen Bruchteil des erzielten Gewinnes aus. Von wahrem Ausgleich der Kräfte kann keine Rede sein. Ökonomisch gesehen ist der Ackerbau ein systematischer Betrug an der Natur, der frühe Mensch fühlt es und will mit seinen Opfern gegensteuern.

From the sacrifice which is at the beginning a trick, grows by time a spiritual principle. With a fraud, man can not live in the long run, because his conscience is always pressed at the same spot. The cunning in the sacrifice was only a fallacy of his own, which leads through a deeper thinking concerning the acting forces to a new insight. This insight is already laid out in the firstborn sacrifice, in which the giver of all gifts is recognized for the second, third and all subsequent gifts, which are not recovered. The nature or, even more precisely, we must now say, God who is working in nature, wants to give the gifts, the nature is at the service of God to the service of the humans, since he has now become the creator of nature.

Aus dem Opfer, das zu Anfang eine List ist, erwächst mit der Zeit ein geistiges Prinzip. Mit einem Betrug kann der Mensch auf die Dauer nicht leben, sein Gewissen drückt immer an der gleichen Stelle. Die List im Opfer war nur ein Trugschluß in ihm selbst, der durch ein tieferes Bedenken der wirkenden Kräfte zu einer neuen Einsicht führt. Diese Einsicht ist in dem Erstling des Opfers schon angelegt, worin der Geber aller Gaben auch für die zweite, die dritte und alle weiteren Gaben anerkannt wird, die ihm nicht erstattet werden. Die Natur oder, jetzt muß man schon genauer sagen, Gott, der in der Natur wirkt, will die Gaben geben; die Natur steht im Dienst Gottes zu Diensten des Menschen, da er nun einmal eine Natur geschaffen hat.

This is the discovery of God as a creator, beyond and of this side of nature. A Person attains freedom from nature, in the degree he removes himself of its constraints, as he acknowledges God as transcendent above nature. The difference between nature and its origin is the measure of freedom which is opended to the people. Only with a God beyond nature, man can make a covenant. The gift to God, the sacrifice becomes a symbol of recognition. That is the fraud, that the sacrifice was in relation to nature, turns out to be a fallacy of a hidden covenant.

Das ist die Entdeckung Gottes als Schöpfer jenseits und diesseits der Natur. Der Mensch gelangt zur Freiheit von der Natur, er entfernt sich in dem Grade von ihren Zwängen, wie er Gott als transzendent über der Natur anerkennt. Die Differenz zwischen der Natur und ihrem Ursprung ist das Maß der Freiheit, die dem Menschen eröffnet ist. Erst mit einem Gott jenseits der Natur kann der Mensch einen Bund schließen. Die Gabe an Gott, das Opfer, wird zum Symbol der Anerkennung, das heißt der Betrug, der das Opfer in Bezug auf die Natur war, entpuppt sich als Trugschluß eines verborgenen Bundesschlusses.

The next step in the development of the sacrificial action is already well documented in the Old Testament. The firstborn sacrifice of the crops will be offered no more to nature. These sacrifices represent an element in the covenant with God, who stands himself above nature, because he created it. The archaic sacrifice is abolished, it is also overhauled and preserved. The recurring spring sacrifice of the first fruits will be bound to a historical event in the conquest of Canaan. Thus we read in the historical credo of the salvation in the fifth book of Moses: ‚If you are entering the country that the Lord thy God giveth thee for inheritance, to take possession and dwell in it, then you should take the first yields of all crops, that you have harvested in the land which the Lord thy God giveth thee, and take something in one basket.‘

Die nächste Stufe in der Entwicklung des Opfergeschehens ist im Alten Testament schon gut dokumentiert. Das Erstlingsopfer der Feldfrüchte wird nicht mehr der Natur dargebracht. Diese Opfer stellen ein Element im Bund mit Gott dar, der selbst über der Natur steht, weil er sie geschaffen hat. Das archaische Opfer wird aufgehoben, es wird zugleich überholt und aufbewahrt. Das periodisch wiederkehrende Frühlingsopfer der Erstlinge wird an ein geschichtliches Ereignis gebunden, an die Landnahme in Kanaan. So heißt es im heilsgeschichtlichen Credo im fünften Buch Mose: ‚Wenn du in das Land, das der Herr, dein Gott, dir als Erbbesitz gibt, hineinziehst, es in Besitz nimmst und darin wohnst, dann sollst du von den ersten Erträgen aller Feldfrüchte, die du in dem Land, das der Herr, dein Gott, dir gibt, eingebracht hast, etwas nehmen und in einen Korb legen.‘

The real sacrifice in memory of the Exodus from Egypt is not the offering of harvest gifts, but the slaughter of lambs on Passover. This leads further into the nature of sacrifice and consciousness, because after all, an identification of man with the lamb is possible, so that the sacrifice and the sacrificer become one and the same. This happens on a new, internal and external simultaneously way, both symbolic and realistic. For a long time after the human sacrifice was abolished by the sacrifice of Abraham, it comes back again, the human sacrifice, but now in complete freedom: It is the sacrifice of one's self.

Das eigentliche Opfer für das Gedächtnis an den Auszug aus Ägypten ist nicht die Darbringung von Erntegaben, sondern das Schlachten der Lämmer am Paschafest. Dieses führt weiter in das Wesen des Opfers und des Bewusstseins ein, weil schließlich eine Identifikation des Menschen mit dem Lamm möglich wird, damit die Opfergabe und der Opfernde eins werden. Das geschieht auf eine neue, innere und zugleich äußere, symbolische und zugleich realistische Weise. Lange Zeit, nachdem die Menschenopfer durch das Opfer Abrahams abgeschafft wurden, kommt das Menschenopfer zurück, aber jetzt in voller Freiheit: Es ist das Opfer des eigenen Ich.

Because of the cunning, the sacrifice was degenerated in the meantime and with it the divine service. The sacrifices are still alive, it is still given to the God who liberated Israel. But he has become one of the gods, they are giving reluctantly, unwillingly, if possible to a small extent, and the scarifice is again understood as a bribe for one's own benefit, as formerly, as a payment of the numinous powers, in order to be undisturbed in performing life. But this contradicts the Exodus experience, after which the merciful God who is there, as he is, namely as Yahweh, is ready to give life to everybody, just not as a human achievement, but as a free gift. To the contemporaries of Amos the sacrifice appears as the negative side of life, as an unnecessary calling in, God becomes an annoying landlord, while the freedom gained for a finite time is hopeless again. **Sacrifice and life are not yet become one.**

Wegen der List war das Opfer in der Zwischenzeit entartet und mit ihm der Gottesdienst. Die Opfer bestehen zwar noch, es wird noch gegeben an den Gott, der Israel befreit hat. Aber er ist wieder zu einem der Götter geworden, man gibt ungern, widerwillig, möglichst zu einem geringen Teil, und das Opfer wird wieder als Bestechung zum eigenen Vorteil verstanden, wie vormals als Zahlung an die numinosen Mächte, um ungestört sein Wesen treiben zu können. Das aber widerspricht der Exoduserfahrung, nach welcher der gnädige Gott, der da ist, wie er ist, nämlich als Jahwe, alles Leben zu schenken bereit ist, nur eben nicht als Leistung des Menschen, sondern als freie Gabe. Den Zeitgenossen des Amos erscheint das Opfer als die negative Seite des Lebens, als überflüssige Einforderung; Gott wird zum lästigen Grundbesitzer, wobei die für einen Moment gewonnene endliche Freiheit wieder hoffnungslos ist. **Opfer und Leben sind noch nicht eins geworden.**

This unit require the prophets, by demanding the ethical dimension of the cult. Ethics should in Israel always be connected with the cult since the train through the Sinai desert. In the God of Israel, knowledge and action have become one and the same. As God has acted on you, so you shall act on your neighbor, says the Book of Leviticus. Through this context, Israel has become a special tribe. But how is it now acting? It recognizes the commandments of Moses as a source of salvation and yet violates them. Therefore, Hosea said, the meaning of sacrifice consisted solely and exclusively in ethics. The famous word of his sacrifices' criticism is: ‚I want love, not sacrifice, knowledge of God rather than burnt offerings.‘

Diese Einheit klagen die Propheten ein, indem sie die ethische Dimension des Kultes fordern. Ethik sollte in Israel seit dem Zug durch die Wüste Sinai immer mit dem Kult verbunden sein. Im Gott Israels sind Erkenntnis und Handeln eins geworden. Wie Gott an dir gehandelt hat, so sollst auch du am Nächsten handeln, heißt es im Buch Levitikus. Durch diesen Zusammenhang ist Israel zum besonderen Volk geworden. Aber wie handelt es jetzt? Es erkennt die Gebote des Mose als Quelle des Heiles an und verstößt dennoch dagegen. Deshalb kann Hosea sagen, der Sinn des Opfers bestehe allein und ausschließlich in der Ethik. Das berühmte Wort seiner Opferkritik lautet: ‚Liebe will ich, nicht Schlachtopfer, Gotteserkenntnis statt Brandopfer.‘

In garish tones Hosea demands the ethical behavior that is inherent in each sacrifice. The same can be said by Jeremiah or by Isaiah. This is found in his first chapter: ‚What am I going with the multitude of your sacrifices?, saith the Lord. Wash yourselves …! Wash yourselves; make yourselves clean; put away the evil of your doings from before My eyes. Learn to do good! Provides for the right!‘

In schrillen Tönen verlangt Hosea das ethische Verhalten, das in jedem Opfer angelegt ist. Das gleiche läßt sich bei Jeremia oder auch bei Jesaja finden, hier im ersten Kapitel: ‚Was soll ich mit euren vielen Schlachtopfern?, spricht der Herr. …Wascht euch! Reinigt euch! Laßt ab von eurem üblen Treiben! Hört auf, vor meinen Augen Böses zu tun! Lernt Gutes zu tun! Sorgt für das Recht!‘

The prophet was less keen to abolish the cult or to transform everything in the spiritual and religious life in mere ethics, so to celebrate God without worship in the spirit only. **On the contrary, without the cult they would have lost the standard by which they could judge Israel.** What is currently hidden in the cult as a reminder of the exodus they want to see it implemented in the life of the people of Israel.

Den Propheten war weniger daran gelegen, den Kult abzuschaffen oder alles religiöse Leben ins Spirituelle und in bloße Ethik zu verwandeln, also Gott ohne Kult nur im Geiste zu feiern. **Im Gegenteil, sie hätten ohne Kult den Maßstab verloren, nach dem sie Israel hätten richten können.** Was im Kult als Erinnerung an den Exodus verborgen gegenwärtig ist, wollen sie im Leben des Volkes Israel verwirklicht sehen.

A continuation, even a completion of the prophetic criticism of sacrifice is found by a man appearing without a name , a prophet of the Babylonian exile, by the second Isaiah, also called Deutero-Isaiah. In his songs of the Suffering Servant he has shown a figure of election in a form of which is not clear who is meant. And probably should not be clear! The logic of the non-necessity need denies the full clarity. Does the prophet speak of an individual or a collective form? Does he speak of the future or of the presence of this savior? The servant of God or the Servant of Yahweh, this can be meant the prophet himself as a person, but it can even be meant the nation of Israel as a whole or even a future Messiah and anointed by God.

Eine Fortführung, ja eine Vollendung der prophetischen Opferkritik findet sich bei dem ohne Namen auftretenden Propheten des babylonischen Exils, beim zweiten Jesaja, bei Deutero-Jesaja. Er hat in den Liedern vom Gottesknecht eine Gestalt der Erwählung gezeigt, von der nicht klar ist, wer damit gemeint ist. Und wohl auch nicht klar werden soll! Die Logik der nicht-notwendigen Notwendigkeit verwehrt die Klarheit. Spricht der Prophet von einer individuellen oder von einer kollektiven Gestalt? Spricht er von der Zukunft oder von der Gegenwart dieses Heilsbringers? Es kann mit dem Gottesknecht, dem Ebed Jahwe, der Prophet selbst als Person gemeint sein, es kann aber auch das Volk Israel insgesamt oder sogar ein künftiger Messias und Gesalbter Gottes gemeint sein.

The indeterminacy of this person is probably not an expression of uncertainty, it indicates an increased awareness of the delegation which is here brought to completion. The older prophets even spoke on behalf of God, but they were just speaking in the name of God, yet they did not act in person. They were word prophets and demanded the sacrifice of others, the second Isaiah is an action prophet which demands the sacrifice from himself, so that also others can demand it from themselves. The only indeterminacy: Who is this self? So the answer is clear: Everyone, as soon as he is able to do so.

Die Unbestimmtheit dieser Person ist wohl keine Unschärfe des Ausdrucks, sie zeigt ein erhöhtes Bewußtsein der Stellvertretung an, das hier zur Vollendung gebracht wird. Die älteren Propheten sprachen auch stellvertretend, aber sie sprachen eben nur im Namen Gottes, sie handelten noch nicht in eigener Person. Sie waren Wort-Propheten und forderten das Opfer von anderen, der zweite Jesaja ist ein Tat-Prophet und fordert das Opfer von sich selbst, damit es auch andere von sich selbst fordern können. Nur ist noch nicht klar, wer dieses Selbst ist. Wer ist es? Damit ist aber die Antwort klar: Jeder Mensch, sobald er dazu in der Lage ist.

Now the Prophet no longer criticizes the absurd behavior towards God, which recognizes externally Yahweh and his cult, but violates it inwardly and acts against Yahweh and his covenant with Israel. He is rather presenting his own life by ceasing the struggle for existence. The prophet makes himself a sacrifice because the sacrifice reveals the source of life. ‚But the Lord was pleased with his battered servant, he saved the one who gave His life as a sacrifice. He will see his offspring and live long. The plan of the Lord shall prosper in him.‘ The question is: How can I become this servant?

Jetzt kritisiert der Prophet nicht mehr das widersinnige Verhalten gegenüber Gott, das äußerlich Jahwe anerkennt, seinen Kult vollzieht und innerlich gegen Jahwe und seinen Bund mit Israel verstößt. Er gibt vielmehr stellvertretend sein eigenes Leben dahin, indem er aus dem Kampf ums Dasein ausscheidet. Der Prophet macht sich selbst zum Opfer, weil das Opfer die Quelle des Lebens erschließt: ‚Doch der Herr fand Gefallen an seinem zerschlagenen Knecht, er rettete den, der sein Leben als Sühneopfer hingab. Er wird

Nachkommen sehen und lange leben. Der Plan des Herrn wird durch ihn gelingen.' Die Frage ist: Wie kann ich dieser Knecht sein?

The caution in determining the figure is probably connected with the realization which transformes religion into faith. In the religion I want to seize God and thus the world; however in faith I respond to the deeply stirring what has seized me and what is best called God. This power comes not from man alone, it can be done only in obedience to God. The surrender of life and the passage through death is not natural, not a human-potential behavior, even if it is necessary to enable people to life. The Vita-Mors-word of Jesus is the reason of human life, even if no one can live according to that reason. The source for the present life, indeed for life itself, is an impossible act to accomplish. Before I can take, I'm already taken; before I seize, I'm seized. So who is going to open up the source, and what is the source of life?

Die Vorsicht bei der Bestimmung der Gestalt hängt wohl mit der Erkenntnis zusammen, die Religion in Glauben verwandelt. In der Religion will ich Gott ergreifen und damit auch die Welt, im Glauben dagegen antworte ich auf das Ergriffensein durch das, was mich ergriffen hat und was am besten Gott genannt wird. Diese Leistung stammt nicht vom Menschen allein, sie kann nur im Gehorsam gegen Gott vollbracht werden kann. Die Hingabe des Lebens und der Durchgang durch den Tod ist kein natürliches, menschenmögliches Verhalten, auch wenn sie notwendig ist, um dem Menschen das Leben zu ermöglichen. Das Mors-Vita-Wort Jesu ist die Vernunft des menschlichen Lebens, auch wenn kein Mensch nach dieser Vernunft leben kann. Die Quelle für das gegenwärtige Leben, ja für das Leben überhaupt, ist eine unmöglich zu vollbringende Tat. Bevor ich ergreifen kann, bin ich schon ergriffen. Wer also soll die Quelle erschließen, und was ist die Quelle des Lebens?

3.2 In what differs the New Testament from the Old? We could list a whole series of characteristics that probably even have its source in the unprecedented compression of space and time in the life of Jesus: Here and today, the last moment is present, the many ways of salvation have found its target. The diversity of names, of those who offer a way, or even the anonymity of those who know the way but can not go it, has took an end: The unnamed prophet receives the name Jesus Christ.

Was unterscheidet das Neue Testament vom Alten? Wir könnten eine ganze Reihe von Merkmalen aufzählen, die aber wohl alle der beispiellosen Verdichtung von Raum und Zeit im Leben Jesu entspringen: Hier und heute ist das Letzte gegenwärtig, die vielen Heilswege haben ihr Ziel gefunden, die Namensvielfalt derer, die einen Weg anbieten, oder die Namenlosigkeit derer, die den Weg kennen, aber nicht gehen können, hat ein Ende: Der namenlose Prophet bekommt den Namen Jesus Christus.

This gives the double sonship a uniform meaning that it always has got and which was still inadequately associated with the mundane experiences: What is required of humans, the simple fact of life, not to hold on this life, this requirement is too difficult for men. Because humans are coming out from the struggle for life, only God himself can get out of the fight, because only he does not have his origin in this struggle. Jesus Christ is to be understood in two ways, once as the Son of man, then as the Son of God. It's the same as to understand the Mors-Vita-word: ‚Who wants to keep his life ...' Paul recognizes the motion coming from above correctly, when he quotes in his letter to the Philippians the hymn: ‚Jesus Christ was the same as God, but he did not adhere to be like God, instead he emptied himself and became a slave, being born in human likeness.' He was obedient, Paul continues, unto death, even to the death at the cross.

Damit erhält auch die doppelte Sohnschaft einen einheitlichen Sinn, den sie immer schon hatte und der doch mit den weltlichen Erfahrungen nur unzulänglich verknüpft war: Was vom Menschen gefordert ist, die einfache Tatsache des Lebens, am Leben nicht fest zu halten, diese

Forderung ist zu schwer für ihn. Weil der Mensch aus dem Kampf um das Leben stammt, kann nur Gott selber aus dem Kampf aussteigen, weil er seine Herkunft nicht aus diesem Kampfe hat. Jesus Christus in zweifacher Weise zu verstehen, einmal als Menschensohn, dann als Gottessohn, ist das gleiche, wie den Mors-Vita-Spruch zu verstehen: ‚Wer sein Leben festhalten will ...‘ Paulus sieht die von oben kommende Bewegung richtig, wenn er im Brief an die Philipper das Lied zitiert: ‚Jesus Christus war Gott gleich, hielt aber nicht daran fest, wie Gott zu sein, sondern er entäußerte sich und wurde wie ein Sklave und den Menschen gleich.‘ Er war gehorsam, heißt es weiter, bis zum Tod, bis zum Tod am Kreuz.

Here it is important to avoid a misunderstanding of Jesus‘ mission or, because it is widely spread and without control by the mind, is to eliminate. He was obedient to God the Father, says Paul. Does this mean that God is a God of revenge who demands in desire for revenge a sacrifice to restore his reputation, to restore the insult against the honor of God? And because the victim of a finite man is not enough for him, this cruel God demands the infinite sacrifice of his own son? One can find such words actually in the doctrine of satisfaction by Anselm of Canterbury, who lived in the 11th century. Probably all modern theologians of the 20th century, when they were furious against any form of sacrifice, thought in their attack of this early medieval Benedictine Anselm. And they have used similar words as the theologian Adolf von Harnack.

Hier gilt es, ein Mißverständnis in der Sendung Jesu zu vermeiden oder, weil es weithin und ohne Kontrolle durch das Denken vorhanden ist, zu beseitigen. Er war gehorsam gegen Gott dem Vater, sagt Paulus. Meint das, Gott sei ein Rächer-Gott, der im Verlangen nach Vergeltung ein Opfer fordert, um sein Ansehen, die Ehre eines beleidigen Gottes wieder herzustellen? Und, weil ihm das Opfer des endlichen Menschen nicht genug ist, fordert dieser grausame Gott das unendliche Opfer seines eigenen Sohnes? Man kann solche Worte tatsächlich in der Satisfaktionslehre des Anselm von Canterbury finden, der im 11. Jahrhundert gelebt hat. Wohl alle modernen Theologen des 20. Jahrhunderts, wenn sie gegen das Opfer wütend waren, haben bei ihrer Attacke diesen frühmittelalterlichen Benediktiner Anselm vor Augen gehabt. Und sie haben sich ähnlicher Worte bedient wie der Theologe Adolf von Harnack.

The benefits of the doctrine of satisfaction, he argued, stand against serious shortcomings, which would make the theory totally unacceptable. ‚These lie in large part on the surface and offend in the same way reason as well as morality.‘ Reason and morality, so his warning if the human is not the master in his own home, are set aside by Anselm, and the creature becomes dependent on help. Up to the 21st century, the accusation is repeated again and again. ‚A God, who always only demands and who seeks out for new austerities and mortifications by the people, this God can not be loved, but merely feared.‘ What the author here does is bad, because he opposes the sacrifice of life against love. This opposition is wrong, blind and evil. Man is the donor and recipient of love, and because receiving is more pleasant than donation, it must be reminded again and again not only to be loved, but to love, and that generates fear. Where is here the antithesis of fear and love, the contradiction of the threatening message to the Good News?

Den Vorzügen der Satisfaktionslehre, sagte dieser, stünden erhebliche Mängel entgegen, wodurch die Theorie völlig unannehmbar würde. ‚Dieselben liegen zu einem großen Teile an der Oberfläche und beleidigen in gleicher Weise die Vernunft und die Moral.‘ Vernunft und Moral werden, so seine Warnung, wenn der Mensch nicht Herr ist im eigenen Hause, außer Kraft gesetzt, und das Geschöpf ist auf Hilfe angewiesen ist. Bis in das 21. Jahrhundert wird der Vorwurf immer von neuem wiederholt: ‚Einen Gott, der stets nur fordert und den es nach immer neuen Entsagungen und Abtötungen seitens des Menschen verlangt, kann man nicht lieben, sondern bloß fürchten.‘ Was der Autor hier tut, ist schlimm, weil er das Opfer des Lebens der Liebe entgegen setzt. Das ist falsch, blind und böse. Der Mensch ist Spender und Empfänger von Liebe, und da das Empfangen angenehmer ist als das Spenden, muß er immer wieder ermahnt werden zur Liebe, und das erzeugt die Furcht. Wo ist da der Gegensatz von Furcht und Liebe, von Drohbotschaft und Frohbotschaft?

Just when I don‘t retain my life, that is, if I make the sacrifice, I put love into existence, because I live no longer in the normal Darwinian selfishness in the struggle for my survival. If you

even want to rebel against God, I mean against reality as it is,
then on the right spot. This opportunity is here: Why has
evolution given us the reality of life through the enormous
sacrifice which will continue to happen, all involuntarily except
for one small exception in humans? If the gazelle falls victim to
the lion, did the lion previously ask whether it was quite right
for the gazelle, to serve him as food?

Gerade wenn ich mein Leben nicht festhalte, das heißt,
wenn ich das Opfer bringe, setze ich die Liebe frei, weil ich
dann nicht mehr im normalen Darwinischen Egoismus des
Kampfes um mein Überleben stehe. Wenn man sich schon
empören will über Gott, ich meine über die Wirklichkeit, wie
sie ist, dann an der richtigen Stelle. Hier ist Gelegenheit
dazu: Warum hat die Wirklichkeit uns das Leben durch die
Evolution gegeben, in der ungeheuere Opfer geschehen sind
und weiter geschehen werden, die alle bis auf eine kleine
Ausnahme beim Menschen unfreiwillig abgelaufen sind?
Wenn die Gazelle dem Löwen zum Opfer fällt, hat der Löwe
dann vorher angefragt, ob es der Gazelle wohl recht sei, ihm
als Speise zu dienen?

Or why is our life finite? The finiteness is the stuff with which
the evil seducer seduces to evil. ‚God has really prohibited this?
All this I will give you if you fall down before me and worship
me.‘ If we had good large stocks of food, infinite of course as
light and air, then there would be no wars in the world. Here we
have found the right occasion to let off steam and put the
reality in the dock. Because of the finiteness and, consequently,
out of concern for one‘s own life, the competition, strife, war,
sin, death are born. Why is this so? There is no quick answer. If
a person wants some information, one must give oneself, and
that‘s gratefulness for the finite life. **Gratitude calmes down
the angry question and brings peace.**

Oder warum ist unser Leben endlich? Die Endlichkeit ist
der Stoff, mit welchem der Verführer zum Bösen verführt:
‚Hat Gott das wirklich verboten?‘ ‚Das alles will ich dir geben,
wenn du dich vor mir niederwirfst und mich anbetest.‘ Hätten
wir größere Vorräte an Lebensmitteln wie Licht und Luft,
unendliche nämlich, gäbe es keine Kriege in der Welt. Hier
haben wir den richtigen Anlaß gefunden, um Dampf
abzulassen und die Wirklichkeit auf die Anklagebank zu
setzen. Denn aus der Endlichkeit und daraus folgend aus

der Sorge um das eigene Leben werden die Konkurrenz, der Streit, der Krieg, die Sünde und der Tod geboren. Warum das so ist? Darauf gibt es keine Antwort. Wenn der Mensch eine Auskunft haben will, muss er sie sich selbst geben, und die heißt Dankbarkeit für das endliche Leben. **Die Dankbarkeit beruhigt die empörte Frage nieder und bringt den Frieden.**

The idea, in sacrifice the deity demands an expiation for a crime, and the God of Jesus Christ demands the highest expiation, is a misunderstanding, however, if you will, an understandable misunderstanding. Anselm says, there is either punishment or reparation which restores again justice. Or literally at him: ‚Aut poena aut satisfactio.‘ Curiously, he can say in the same paper on the Incarnation of God strictly the opposite: ‚To God's honor, as far as he is concerned, there can nothing be added nor taken away. For he himself is the indestructible and absolutely unchangeable glory.‘

Die Vorstellung, im Opfer verlange die Gottheit eine Sühne für eine Untat und der Gott Jesu Christi verlange die allergößte Sühne, ist ein Mißverständnis, jedoch, wenn man so will, ein verstehbares Mißverständnis. Anselm sagt, entweder Strafe oder Wiedergutmachung stelle die Gerechtigkeit wieder her, oder wörtlich bei ihm: ‚Aut poena aut satisfactio.‘ Kurioserweise kann er in der gleichen Schrift über die Menschwerdung Gottes aber auch umgekehrt sagen: ‚Gottes Ehre kann, soweit es ihn betrifft, nichts hinzugefügt noch entzogen werden. Denn er selber ist die unzerstörbare und ganz und gar unwandelbare Ehre.‘

How shall we understand this? God demands a retribution for his injured honor, but that honor is not injured, it can not even be injured? The misunderstanding is caused by the lack of awareness of the finitude, which makes man similar to the infinite but dissimilar too. There is a fatal projection that is working here, at the theologians still more than at the simple faithful. We will try to distort the both real and distorted reality that is the projected perception to a less distorted view, yet not less real. We use here the power of the Mors-Vita-word of Jesus.

Wie sollen wir das verstehen? Gott fordert eine Vergeltung für seine verletzte Ehre, aber diese Ehre ist gar nicht verletzt, sie kann nicht einmal verletzt werden? Das

Mißverstehen wird erzeugt durch die mangelnde Wahrnehmung der Endlichkeit, die den Menschen dem Unendlichen ähnlich macht, aber doch auch wieder unähnlich. Es waltet hier eine fatale Projektion, bei den Theologen noch mehr als bei den einfachen Gläubigen. Wir wollen versuchen, die zugleich reale und verzerrte, also projektierte Wirklichkeit weniger verzerrt darzustellen, dabei aber nicht weniger realistisch. Wir bedienen uns dabei der Kraft des Mors-Vita-Wortes Jesu.

First of all: We live in a finite reality and want to sustain our lives infinitely. We must naturally have the will to live, otherwise we would not have survived just long ago. However, we can just not preserve life in nature because it is finite. In this Darwinian contradiction fails any theology, if it is of the good-natured mind, faith and religion would help people to make lives a little better and cope with the sadness of the world, with the contingencies of life and so on. In fact, religion shapes the social life, it divides the times and so on, it helps in the fears, it celebrates the joys and comforts the helpless, but it does even quite the opposite: It enlightens the people of their finiteness and mortality. And it taughts humans about their guilt, if they do not want to accept their limited existence.

Zunächst einmal: Wir leben in einer endlichen Wirklichkeit und möchten darin unser Leben unbegrenzt erhalten. Wir müssen von Natur aus den Willen zum Leben haben, sonst würden wir schon lange nicht mehr leben. Zugleich können wir gerade von Natur aus das Leben nicht erhalten, weil es endlich ist. An diesem Darwinischen Widerspruch scheitert jede Theologie, wenn sie der gutmütigen Meinung ist, Glaube und Religion müßten den Menschen einige Lebenshilfe leisten, um besser mit der Traurigkeit der Welt, mit den Kontingenzen des Lebens fertig zu werden. Tatsächlich formt die Religion das soziale Leben, sie gliedert die Zeiten und so weiter, sie hilft in den Ängsten, sie gestaltet die Freuden und tröstet die Hilflosen, doch sie tut auch ganz das Gegenteil: Sie klärt den Menschen über seine Endlichkeit und seine Sterblichkeit auf. Und sie belehrt ihn über seine Schuld, wenn er diese seine begrenzte Existenz nicht annehmen will.

Here actually an element of monstrosity smashes into life. The human person can not accept his finiteness, he lives by nature according to the first half of the Mors-Vita-word, one might even say he lives in accordance with Darwin: I want to conserve my life. And then comes from nature the contrary response without comment, that is given to him in religion as God's answer: You will die. This is perceived as an egregious penalty for a legitimate desire for identity. Where is my fault when I ask for more life, life after all?

Hier kommt tatsächlich ein Element der Ungeheuerlichkeit hinein. Der Mensch kann seine Endlichkeit nicht akzeptieren, er lebt von Natur aus nach der ersten Hälfte des Mors-Vita-Satzes, man kann auch sagen, er lebt unmittelbar nach Darwin: Ich will mein Leben erhalten. Und dann kommt ihm von der Natur her die kommentarlose Antwort entgegen, die ihm in der Religion als die Antwort Gottes gegeben wird: Du wirst sterben. Das wird als ungeheuerliche Strafe empfunden für ein legitimes Verlangen nach Identität. Wo liegt da meine Schuld, wenn ich nach mehr Leben verlange, nach Leben überhaupt?

And the second element is the enormity of the event in Christ: Only from God you can get to the other side of the sentence, to the side: ‚Who has lost his life.‘ This side you can call an exorbitant demand of God to his creatures which cannot be satisfied by any finite human being, which is therefore satisfied only by God Himself.

Und das zweite Element der Ungeheuerlichkeit ist das Ereignis in Christus: Nur von Gott her kannst du auf die andere Seite des Satzes wechseln, auf die Seite des ‚Wer sein Leben verliert‘. Diese Seite kann man als eine maßlose Forderung Gottes an seine Geschöpfe ansehen, die kein endlicher Mensch erfüllen kann, die deshalb von Gott selbst erfüllt werden muss.

As you see, the core elements of theology can be quite reasonable, if they are put on the floor of Darwinian theory, they present informally as possible just the non-necessary need. **The doctrine of faith gets an experimental basis by Darwin.** Therefore, the non-theologian von Weizsäcker can write so relaxedly about the sacrifice and its asceticism, much more as the tense theologians who do not manage to bring together the tradition of faith and the world-experience of today. Not even uses he the word ‚sacrifice‘ to demonstrate its full reality, he speaks of asceticism.

Wie man sieht, kann man die Kernstücke der Theologie, wenn man sie auf den Boden der Darwinischen Theorie stellt, ziemlich zwanglos als vernünftig und zugleich unmöglich darstellen, eben als nicht-notwendige Notwendigkeit. **Die Glaubenslehre wird mit Darwin zur Erfahrung.** Deshalb kann der Nicht-Theologe von Weizsäcker auch so entspannt über das Opfer schreiben und es Askese nennen, viel mehr als die angespannten Theologen, die es nicht schaffen, die Tradition des Glaubens mit der Welt-Erfahrung von heute in Verbindung zu bringen. Nicht einmal das Wort vom Opfer braucht er, um dessen ganze Wirklichkeit darzulegen, er spricht von Askese.

First of all, the knowledge of God can only be a delegation, because it is not bearable for everyone, even if it is demanded of everyone. The formation of setting at the beginning of the Sermon on the Mount wishes to express this, as Weizsacker regards correctly. ‚When Jesus saw the crowds, he climbed up a mountain. He sat down, his disciples came to him.' The Sermon on the Mount and their enormous claims are not told to the masses, but to the disciples, although at the end of the Sermon the masses are astonished about his teaching. This was able to create the image, as Jesus would address his Sermon to them too. It seems as if we could keep ourselves to the introduction and the conclusion at the same time, where we find our preferred figure of thought that is the non-necessary need.

Zunächst einmal kann die Erkenntnis Gottes nur eine Stellvertretung sein, da sie nicht für jeden Menschen erträglich ist, auch wenn sie von jedem gefordert ist. Die Kulissenbildung zu Anfang der Bergpredigt will das wohl ausdrücken, wie Weizsäcker richtig sieht. ‚Als Jesus die vielen Menschen sah, stieg er auf einen Berg. Er setzte sich, und seine Jünger traten zu ihm.' Die Bergpredigt und ihre ungeheueren Forderungen ist nicht zu den Massen gesagt, sondern zu den Jüngern. Nur entsetzen sich die Massen am Ende der Bergpredigt über seine Lehre. So konnte das Bild entstehen, als habe Jesus mit der Bergpredigt auch sie angesprochen. Es scheint aber, als könnten wir uns an die Einleitung und den Schluß zugleich halten, wobei wir unsere bevorzugte Denkfigur der nicht-notwendigen Notwendigkeit finden.

Here we can see: You may not demand what is necessary, if it goes beyond human power. At the disciples the need has already been done; so the demands of the beatitudes are not demanded from them. They can even be pronounced in the form of the present: ,Blessed are the poor in spirit, for theirs is the kingdom of heaven' – it's you, my disciples, because you have already reached the second half of the Mors-Vita-word, you have already renounced, you have already followed me.

Hier können wir erkennen: Man darf das Notwendige nicht fordern, wenn es über Menschenkraft hinaus geht. Bei den Jüngern ist das Notwendige schon geschehen; deshalb brauchen die Forderungen der Seligpreisungen von ihnen nicht gefordert werden. Sie können sogar in der Form der Gegenwart ausgesprochen werden: ,Selig, die arm sind vor Gott; denn ihnen gehört das Himmelreich' – das seid ihr, meine Jünger, denn euch hat die zweite Hälfte des Mors-Vita-Spruches schon erreicht, ihr habt schon losgelassen, ihr seid mir schon nachgefolgt.

And of the crowded people what is necessary must not be demanded because they only listen in amazement without accomplishing it. They should realize and recognize the reality, and they should hope towards the achievement. One could also speak of delegation instead of hope. The unbearable contradiction of finite life gets now immersed into the light of another life.

Und von den Menschen in der Masse braucht das Notwendige nicht gefordert zu werden, weil sie es nur staunend anhören können, ohne es zu vollbringen. Sie sollen die Wirklichkeit erkennen, anerkennen und auf ihre Verwirklichung hoffen. Man könnte statt von Hoffnung auch von Stellvertretung sprechen. Der unerträgliche Widerspruch des endlichen Lebens wird so in das Licht eines anderen Lebens getaucht.

I mean, over of the usual interpretation of the Sermon on the Mount there is hanging a gray veil, because the pastor or professor is concerned about his identity when he hears the words of Jesus. Jesus Christ speaks in the Sermon on the Mount to real poor people, they have really left their house and yard, so they feel the spirit and thus the proximity of the kingdom of God. The full-time staff, as they are called today, want to keep their jobs, they just do not want to leave home and farm. They want a safe place in the church and a better collective agreement. But what happens to someone who wants to save his life? **The demands of Jesus he can not bear, he reinterpretes them.** Our philosopher sees it with clairvoyance: ‚This may explain the strange sound of abstract arousal in many New Testament's exegesis of our day.'

Ich meine, vor der gewöhnlichen Auslegung der Bergpredigt hängt ein Grauschleier, weil der Pfarrer oder Professor um seine Identität besorgt ist, wenn er die Worte Jesu hört. Jesus spricht in der Bergpredigt zu real armen Menschen, sie haben wirklich Haus und Hof verlassen, deshalb spüren sie den Geist und damit die Nähe des Reiches Gottes. Die Hauptamtlichen, wie sie heute heißen, wollen ihre Anstellung behalten, sie wollen gerade nicht Haus und Hof verlassen. Sie wollen eine sichere Stelle in der Kirche und einen besseren Tarifvertrag. Was aber geschieht mit jemandem, der sein Leben erhalten will? **Die Forderungen Jesu erträgt er nicht, er deutet sie um.** Unser Philosoph sieht es mit Hellsicht: ‚Dies mag den eigentümlichen Ton abstrakter Erregtheit in vielen neutestamentlichen Exegesen unserer Tage verständlich machen.'

3.3 Now we can combine the both testaments to the tradition of the Church. The revelation is complete in Jesus in the external, in the historical sense, because no further enlightenment can be expected beyond his Mors-vita-word. Because the Darwinian theory does not permit truly new understanding about life, even this theory is complete; and the revelation is complete, because it has responded to the situation of life that emerged from the evolution, long before the theory of evolution has existed. But just as the once with mutation and selection spanned part of the teaching of evolution continues to be filled, so with the scope of the revelation that will continuesly be filled in.

Jetzt können wir die beiden Testamente mit der Tradition der Kirche verbinden. Die Offenbarung ist in Jesus im äußeren, im historischen Sinne abgeschlossen, denn über den Mors-Vita-Spruch hinaus ist keine Erleuchtung mehr zu erwarten. Weil die Darwinische Theorie keine wirklich neue Erkenntnis über das Leben zuläßt, ist sie abgeschlossen; ebenfalls ist die Offenbarung abgeschlossen, weil sie auf die Lage des Lebens, das aus der Evolution hervor gegangen ist, geantwortet hat, lange bevor die Evolutionslehre existiert hat. Doch so wie der einmal mit Mutation und Selektion aufgespannte Rahmen der Evolutionslehre immer weiter ausgefüllt wird, so wird auch der Rahmen der Offenbarung weiter ausgefüllt.

We are dealing here with a **so-called movement in itself**: There exists a real movement, but not beyond the given context. For a book and a text, there cannot well be such a movement in the same, a move of a thing always leads away from this thing, or either there is no movement. Therefore, the disclosure of God is the revelation of a person or even of a personal reality. The Person is sacramentally present because this Person has gone through the gates of ‚Who loses his life ...‘. Very reasonably, Christ Jesus is the original sacrament of the Church that lives on and on in the world because he has not held on his life.

Wir haben es hier mit einer sogenannten Bewegung im Selben zu tun: Es geschieht eine echte Bewegung, aber nicht über den gegebenen Rahmen hinaus. Für ein Buch

und einen Text kann es eine solche Bewegung im Selben wohl nicht geben, eine Bewegung an einer Sache führt entweder von dieser Sache weg, oder aber es gibt keine Bewegung. Deshalb ist die Offenbarung Gottes das Offenbarwerden einer Person oder Gottes selbst als einer personalen Wirklichkeit. Die Gegenwart wird als Person sakramental, weil sie durch das Tor des ‚Wer sein Leben verliert...‘ gegangen ist. Eben deshalb ist auch Jesus Christus das ursprüngliche Sakrament der Kirche, das in der Welt weiter lebt, weil er sein Leben nicht festgehalten hat.

Das macht die Rede von der abgeschlossenen und der mitlebenden Autorität der Offenbarung sinnvoll. Da ist einmal die Bibel, sie bildet als Text eine abgeschlossene Autorität, die Zeugnis gibt von einem einmalig und erstmalig gelungenen Leben; und da ist die mitlebende Autorität der Offenbarung, das ist das Lehramt in der Kirche. Ihre Hauptaufgabe ist die Verhinderung, damit nicht aus der Offenbarung, die ein Ergriffensein bedeutet, ein Besitz des Theologen in selbstmächtiger Auslegung wird, – damit nicht aus Ergriffensein abstrakte Erregtheit wird.

Therefore the talk of the completed and the contemporary authority of revelation makes sense. There first is the Bible, it is a text which forms a completed authority which testifies a unique and first successful life; and then there is the contemporary authority of revelation, that is the teaching ministry in the church. Its main task is to prevent; lest not the revelation, which means being seized, becomes the property of the theologians that is their taking in possession of the revelation, – lest not being seized becomes an abstract arousal.

In this sacramental sense the revelation goes further on in Christ, with a movement in the same. It does not move beyond Christ, it moves deeper into him. This deepening, we see at work, in the convergence of ecology and ecclesiology. This is borne by the democracy of the participants which is no picnic. The path is thorny, as our fellow traveler regards clearly: ‚The mentality of participation proves to be guided by the same motives as by the so far solely deciders, only more unenlightened, selfish, chaotic.‘

In diesem sakramentalen Sinn geht die Offenbarung in Christus weiter, mit einer Bewegung im Selben. Sie führt nicht über Christus hinaus, sie führt tiefer in ihn hinein. Eben diese Vertiefung sehen wir in einem Zusammenwachsen von Ökologie und Ekklesiologie. Diese wird getragen von der Demokratie der Betroffenen, was kein Zuckerschlecken ist. Der Weg ist dornig, wie unser Reisegefährte klar erkennt: ‚Die Mentalität der Mitbestimmenden erweist sich durch dieselben Motive gelenkt wie die der bisher Alleinbestimmenden, nur unerleuchteter, egoistischer, chaotischer.‘

Remarks – Anmerkungen

1.1 ‚... ihre messianische Berufung wieder aufzunehmen?' Giorgio AGAMBEN: *Kirche und Herrschaft*. In: *Epiphania* Nr. 4. Fribourg, 2011; 53 – 62; 61f.

Der Aufsatz ‚Gehen wir einer asketischen Weltkultur entgegen?' findet sich in dem Band wieder: Carl Friedrich von WEIZSÄCKER: *Deutlichkeit. Beiträge zu politischen und religiösen Gegenwartsfragen*. München: Hanser, 1978.– 184 S; 73 – 113.

René DESCARTES: *Discours de la Méthode* (1637). Hamburg: Meiner, 1969 (Phil. Bibl. Bd. 261). – 127 S. In diesem Werk eröffnet Descartes seine titanische Philosophie, das Zitat stammt aus dem 6. Teil, Nr. 2.

‚... die Aufforderung zu einer tieferdringenden Philosophie und Theologie.' Carl Friedrich WEIZSÄCKER: *Der Garten des Menschlichen*. München, 1977; 152.

Romano GUARDINI: *Welt und Person. Versuche zur christlichen Lehre vom Menschen* (1939). Würzburg: Werkbund, [2]1940. – 159 S. Das Zitat findet sich auf S. 96.

1.2 Ich sehe in Lk 17,33 die Gründungsurkunde der guten Religion; Parallelen finden sich in Lk 9, 24, Mt 10, 39; 16, 25; Mk 8, 35; Joh 12, 25. Ich habe die exegetische Literatur befragt, es waren drei Bücher.
Gerhard SCHNEIDER: *Das Evangelium nach Lukas. Kapitel 11-24: Bd 3/2*. Gütersloh: Verlagshaus, 1984.
Rainer DILLMANN: *Das Lukas–Evangelium. Ein Kommentar für die Praxis*. Stuttgart: Verl. Kath. Bibelwerk, 2000.

Heinz SCHÜRMANN: *Das Lukasevangelium. Erster Teil: Kommentar zu Kap. 1 – 9: Bd. 3/1*. Freiburg u.a.: Herder, 1969.

Das Zitat von Thomas Mann über den Tod und das Leben des Schaffend habe ich seiner Novelle ‚Toni Kröger‘ aus dem Jahr 1903 entnommen. Das Wort ‚Du sollst dich des Falles deines Feindes nicht freuen ...‘ ist der Erzählung ‚Das Gesetz‘ aus dem Jahr 1943 entnommen. Der biblische Mose hat das nicht gesagt und konnte es nicht sagen. Mose spricht die Sprache Jesu am Kreuz: ‚Herr, verzeih ihnen, denn sie wissen nicht, was sie tun.‘

‚Whoever seeks to keep his life will lose it, and whoever loses his life will preserve it.‘

1.3 Der Film heißt ‚Die Feuerzangenbowle‘.

‚Dies dürften die brisanten Interessen sein.‘ Carl Friedrich WEIZSÄCKER: *Der Garten des Menschlichen*. München, 1977; 227.

Von Paulus auf dem Areopag berichtet die Apostelgeschichte in Kapitel 17.

‚Wenn ich das Gegenteil gesagt hätte, wäre es ebenso richtig.‘ Lieblingsspruch das alten Dubslav von Stechlin aus dem Roman gleichen Namens, Kapitel 3.

‚Und Luther stellte die Kirche wieder her.‘ Friedrich NIETZSCHE: *Der Antichrist* (1888); Nr. 61.

2.1 Das Kolumbus-Gedicht ‚Nach neuen Meeren‘ findet sich im Anhang zu Nietzsches ‚Die fröhliche Wissenschaft‘ von 1887, in den ‚Liedern des Prinzen Vogelfrei‘.

‚Aeternum namque illud, et infinitum Ens, quod Deum, seu Naturam appellamus, eadem, qua existit, necessitate agit.‘

Benedictus de SPINOZA: *Ethica – ordine geometrico demonstrata –*
Die Ethik mit geometrischer Methode begründet (1677), 4. Teil.

‚Alle Wirklichkeit ist Natur.‘ Rudolf TREUMANN: *Die Elemente.*
Feuer, Erde, Luft und Wasser in Mythos und Wissenschaft. München,
1994; 299.

‚… niemand eine Möglichkeit gesehen, ihn zu vermeiden.‘
Richard P. FEYNMAN u.a.: *Vorlesungen über Physik. Bd. III*
Quantenmechanik (1965). München, 1992; 30.

2.2 Die apostolischen Regeln zum Beispiel in Lukas 10,8.

Der Apostel Paulus schreibt über den Wettkampf in Sport
und Religion im ersten Korintherbrief 9,25.

Die Heiratsnorm findet sich im vierten Teil Romans
‚Buddenbrooks‘ von Thomas Mann, erschienen im Jahr 1900.

‚Religion als Träger einer Kultur formt …‘ in von
WEIZSÄCKERS *Der Garten des Menschlichen* von 1977; Neuausgabe
München, 1977; 472.

Die Katechismusantwort stammt aus dem Anfang des
Exerzitienbuches von Ignatius von Loyola, geschrieben etwa
um das Jahr 1533.

3.1 In 1 Kön 11 heißt es: ‚Als Salomo älter wurde, verführten
ihn seine Frauen zur Verehrung anderer Götter, sodass er dem
Herrn, seinem Gott, nicht mehr ungeteilt ergeben war wie sein
Vater David.‘

Die Frage der Sadduzäer an lautet in Markus 12, 23: ‚Wessen
Frau wird sie nun bei der Auferstehung sein?‘ Vorher hatten sie

das Beispiel einer Frau aufgeworfen, die nach dem Gesetz der Schwagerehe nacheinander mit sieben Brüdern verheiratet war.

‚Diese Macht ist nur vorübergehend ...‘ In: Mircea ELIADE: *Die Religionen und das Heilige.* Darmstadt: Wiss. Buchges., ([1]1954) 1976; 396.

Der zweite Jesaja wird nach dem ersten genannt (Jes 1 – 39), weil er wohl gar nicht seine Namen nennen wollte, und heißt hilfsweise Deutero-Jesaja (Jes 40 – 55).

Die Menschenopfer werden in Gen 22 durch das Opfer Abrahams verwandelt in das Opfer des eigenen Ich.

‚Heißt es im Buch Levitikus‘, d.h. in Lev 18, 19. ‚Liebe will ich, nicht Schlachtopfer, ... ‘ in Hos 6, 6.

3.2 ‚... den Menschen gleich.‘ Aus dem Philipperbrief Kapitel 6.

Adolf von HARNACK: *Lehrbuch.* Bd. 3. Tübingen: Mohr, [4]1909; 403f: ‚Dieselben liegen zu einem großen Teile...‘

ANSELM VON CANTERBURY: *Cur Deus homo. – Warum Gott Mensch geworden* (1095), I,15: ‚Gottes Ehre kann, ...‘

Josef IMBACH: *Ist Gott käuflich? Die Rede vom Opfertod Jesu auf dem Prüfstand.* Gütersloh, 2011; 10: ‚Einen Gott, der stets nur fordert ...‘

‚Zu Anfang der Bergpredigt ..‘ meint Matthäus 5,1.

‚ ... um seine ganze Wirklichkeit darzulegen.‘ Ich beziehe mich hier auf den Aufsatz ‚Die Seligpreisungen‘ aus dem Jahr 1975, abgedruckt in Carl F. von WEIZSÄCKER: *Der Garten des Menschlichen* (1977). München: Hanser, 1977; 488 – 508.

‚Dies mag den eigentümlichen Ton abstrakter Erregtheit ....'
In Carl F. von WEIZSÄCKER: *Deutlichkeit. Beiträge zu politischen
und religiösen Gegenwartsfragen.* München, 1978; 146.

3.3 ‚Autoritäten können mitlebend oder historisch sein.'
(Weizsäcker: Der Garten 1977, 482)

‚Die Mentalität der Mitbestimmenden ...' (Weizsäcker:
Deutlichkeit 1978, 76.